विश्वास
की ताक़त

विश्वास
की ताक़त

डॉ. जो विटाले

अनुवाद : डॉ. सुधीर दीक्षित

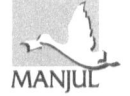

MANJUL
मंजुल पब्लिशिंग हाउस

MANJUL
मंजुल पब्लिशिंग हाउस
कॉरपोरेट एवं संपादकीय कार्यालय
• द्वितीय तल, उषा प्रीत कॉम्प्लेक्स, 42 मालवीय नगर, भोपाल-462 003
विक्रय एवं विपणन कार्यालय
• सी-16, सेक्टर 3, नोएडा, उत्तर प्रदेश - 201301, इंडिया
वेबसाइट : www.manjulindia.com
वितरण केन्द्र
अहमदाबाद, बेंगलुरू, भोपाल, कोलकाता, चेन्नई,
हैदराबाद, मुम्बई, नई दिल्ली, पुणे

डॉ. जो विटाले द्वारा लिखित मूल अंग्रेजी पुस्तक
फ़ेथ का हिन्दी अनुवाद

यह हिन्दी संस्करण 2016 में पहली बार प्रकाशित
द्वितीय आवृत्ति 2017

ISBN 978-81-8322-711-7

हिन्दी अनुवाद : डॉ. सुधीर दीक्षित

उस दिव्य को समर्पित

विषय सूची

प्रस्तावना 11

1. विश्वास 17

2. ख़ुद पर भरोसा करें 31

3. दूसरों में विश्वास रखें 51

4. ज़्यादा बड़े संसार में विश्वास 73

5. ज़्यादा ऊँची शक्ति में विश्वास 93

6. अपने विश्वास पर अमल 111

लेखक परिचय 123

आभार

मेरी लिखी हर पुस्तक की तरह ही इस पुस्तक की प्रक्रिया में भी कई लोगों ने मुझे समर्थन और प्रोत्साहन दिया है। मेरी जीवनसाथी और चिर प्रेमिका नेरिसा हमेशा मेरे साथ रही है; उसने हमेशा पालतू जानवरों को खाना खिलाया है, ताकि मैं लिख सकूँ। मैं *द सीक्रेट* फ़िल्म की निर्माता रॉन्डा बर्न को भी धन्यवाद देता हूँ, जिन्होंने मुझे अपनी अद्भुत फ़िल्म में शामिल किया, जिससे नए लोगों को मेरे काम की जानकारी मिली और उन्होंने इस तरह की पुस्तक चाही। मेरी मुख्य सहयोगी सुज़ान बर्न्स मेरे दैनिक जीवन को ज़्यादा आसान बनाती हैं, ताकि मैं लिखने पर ध्यान केंद्रित कर सकूँ। क़रीबी मित्रों ने मुझे समर्थन और सलाह दी, जिनमें बिल हिबलर, पैट ओ'ब्रायन, क्रेग पेरिन, पीटर विंक और सिंडी कैशमैन शामिल हैं। मेरे प्रिय मित्र और दैदीप्यमान साथी योद्धा मार्क रयान हमेशा मेरे प्रोजेक्ट्स का समर्थन करते हैं। विक्टोरिया शेफ़र मेरा व मेरे काम का पूरी तरह समर्थन करती हैं और एक अनमोल मित्र हैं। मैं डी बर्क्स की लेखन व संपादन योग्यताओं के लिए उन्हें धन्यवाद देता हूँ। ज़ाहिर है, मैं संजय बर्मन को धन्यवाद देता हूँ, जिन्होंने मुझमें विश्वास दिखाया और यह पुस्तक प्रकाशित की। अंत में, मैं दिव्य शक्ति के प्रति कृतज्ञ हूँ कि उसने मुझे वह करने की अनुमति दी, जो मैं करता हूँ। अगर मैं किसी को भूल रहा हूँ, और संभवतः मैं भूल रहा हूँ, तो मैं क्षमाप्रार्थी हूँ। मैं आप सभी से प्रेम करता हूँ।

प्रस्तावना

"यह सब कि 'चिंता मत करो, ख़ुश रहो' सरासर बकवास है। आप सिर्फ़ पैसे ऐंठने के लिए लोगों को बताते हैं कि वे अपनी ज़िंदगी बदल सकते हैं। आप और कुछ नहीं, बल्कि सेल्समैन हैं, जो मासूम और भ्रांति के शिकार लोगों को उल्लू बनाते हैं।"

हालाँकि इस तरह की टिप्पणियाँ मुझे हर दिन सुनने को नहीं मिलती हैं, लेकिन मिलती ज़रूर हैं। मैं पलायनवादी जीवन क़तई नहीं जीता हूँ, इसलिए मैं ऐसे लोगों के बारे में जागरूक हूँ, जो स्व-विकास के पूरे क्षेत्र को सरासर "बकवास" मानते हैं। मुझसे यह एक सवाल बार-बार पूछा जाता है, "अगर यह चीज़ सच है, तो फिर यह मेरे लिए काम क्यों नहीं करती है?" सच्चाई यह है कि यह काम करती है और यह आपके लिए इस समय भी काम कर रही है, लेकिन चूँकि आपके सीमित करने वाले विश्वास आपको अब भी पीछे रोक रहे हैं, इसलिए आपको महसूस होता है कि यह काम नहीं कर रही है। मैं जानता हूँ आप सोच सकते हैं कि यह किसी तरह का गोल-मोल तर्क है, जो दरअसल कोई जवाब नहीं देता है; लेकिन ऐसा क़तई नहीं है। सच्चा जवाब है : यह आप हैं और यह हमेशा आप ही रहे हैं। आप निर्णय लेते हैं कि आप किसके योग्य हैं, आप ही निर्णय लेते हैं कि आप जीवन को किस दृष्टिकोण से देखने का चुनाव करते हैं और आप ही अपनी ख़ुद की सफलता या असफलता को तय करते हैं।

चाहे आप कितने ही सेमिनारों में चले जाएँ या कितनी ही सेल्फ़-हेल्प पुस्तकें ख़रीद लें, आप सिर्फ़ उतनी ही दूर तक जा पाएँगे, जितनी दूर तक आपके सीमित करने वाले विश्वास आपको जाने देंगे। क्या आपने कभी 40 पाउंड वज़न घटाने का लक्ष्य तय किया है, लेकिन सिर्फ़ 20 पाउंड ही कम कर पाए? क्या आपने कभी 1,00,000 डॉलर कमाने की कोशिश की है, लेकिन सिर्फ़ 25,000 डॉलर ही कमा पाए? क्या आपने कभी बीएमडब्ल्यू ख़रीदनी चाही थी, लेकिन आप अब भी पिंटो ब्रांड की कार ही चलाते हैं?

आपके सीमित करने वाले विश्वास आपके मस्तिष्क को बताते हैं कि क्या संभावित है; वे उसे यह नहीं बताते हैं कि क्या संभव है। चमत्कारों की उम्मीद करने का मतलब यह है कि आप अपने जीवन को असीमित संभावना के प्रति खोल दें और उन लक्ष्यों तक पहुँच जाएँ, जो शायद अब तक आपको चकमा देते आए हैं।

इसका मतलब यह नहीं है कि यह आसान होगा। मैं यह जानता हूँ कि सार्वजनिक जगहों पर सोने का अनुभव कैसा होता है, क्योंकि मेरे पास जाने के लिए कोई दूसरी जगह नहीं थी। मैं जानता हूँ कि यह अनुभव कैसा होता है, जब आप पर हर परिचित का कर्ज़ चढ़ा हो। मैं सबसे खटारा, जर्जर कार की ड्राइविंग सीट पर बैठा हूँ, जिसकी आप कल्पना कर सकते हैं और बड़ी नाउम्मीद सी उम्मीद की है कि यह एक बार फिर चालू हो जाएगी। अगर आप उस वक़्त मुझसे पूछते कि क्या मैं इन स्थितियों के लिए ज़िम्मेदार था, तो शायद मैं यही कहता, "बिलकुल नहीं।" आत्म-करुणा में दशकों तक गोते खाने के बाद मुझे अहसास हुआ कि समस्या मैं ही था; यह हमेशा मैं ही था। न सिर्फ़ मैं इन स्थितियों के लिए ज़िम्मेदार था, बल्कि दरअसल मैंने ही उन्हें उत्पन्न भी किया था।

संभवतः आपको "चमत्कारों की उम्मीद करें" नामक पुस्तक के पहले पन्नों में यह पढ़ने की उम्मीद न हो, लेकिन यही सच है। अगर आप मदद लेने से ही इंकार कर दें, तो ऐसी कोई तकनीक नहीं है, जो आपकी मदद कर सके। अगर आप अपने भीतर झाँककर देखना नहीं चाहते हैं, अगर आप अपने सीमित करने वाले विश्वासों का सफ़ाया नहीं करना चाहते हैं, तो आप उन चमत्कारों की समृद्धि कभी नहीं जान पाएँगे, जो आपके जीवन में आने का इंतज़ार कर रहे हैं।

इस बात से इंकार नहीं किया जा सकता कि अब चमत्कारी घटनाएँ मेरे साथ हर दिन होती हैं। मैं उन्हें आकर्षित करता हूँ और उनकी अपेक्षा रखता हूँ और वे हो जाती हैं। लोग मुझसे अक्सर पूछते हैं कि वे अपने जीवन में चमत्कारों को कैसे आकर्षित कर सकते हैं और मैं ईमानदारी से कह सकता हूँ कि आप पहले से ही चमत्कारों का अनुभव करते हैं; हम सभी करते हैं। लंबे समय से खोए किसी मित्र का फ़ोन आ जाता है, जिसके बारे में आप सोच रहे थे। आप उसी कॉन्ट्रैक्टर से उसी दिन किराने के स्टोर में

टकरा जाते हैं, जिस दिन आपकी फ़ेंस धराशायी हुई थी। या फिर, आपको अपने डॉक्टर का रिफ़ंड मिल जाता है, क्योंकि आपने उसकी सेवाओं का ज़रूरत से ज़्यादा भुगतान कर दिया था – ये सभी छोटे-मोटे चमत्कार हैं। यदि आप ग़ौर करें, तो आप पाएँगे कि आपके जीवन में लगभग हर दिन ऐसी छोटी-छोटी घटनाएँ होती हैं, जिन्हें आप ख़ुद आकर्षित करते हैं। कई लोग इन छोटी घटनाओं को या तो नज़रअंदाज़ कर देते हैं या फिर उन्हें संयोग का नाम दे देते हैं। आप इन्हें चाहे जो नाम दे दें, वे होती ज़रूर हैं और अगर आप इसकी अनुमति देने का विकल्प चुनें, तो आप इससे ज़्यादा बड़े चमत्कारों को भी अपने जीवन में आकर्षित कर सकते हैं।

मेरी ज़िंदगी एक अद्भुत रोमांचक यात्रा रही है और अब भी है, जो चमत्कारों से भरी है। यह मुझे तेज़ी से सफलता और निरंतर सीखने के मार्ग पर ले जाती है। पिछले कुछ वर्षों में मैंने *द अट्रैक्टर फ़ैक्टर, ज़ीरो लिमिट्स और द मिसिंग की* जैसी अपनी पुस्तकों में कई अवधारणाएँ बताई हैं। उनका इस्तेमाल करने वाले कई लोगों को भारी सफलता मिली है और वे अक्सर ई-मेल करके मुझे चमत्कारों की अपनी कहानी बताते हैं, जिनमें से कई आप इस पुस्तक में पढ़ेंगे। लेकिन कभी-कभार ऐसे भी ई-मेल आते हैं, जो कहते हैं कि उन्होंने मेरे तरीक़े आज़माए, लेकिन कुछ भी नहीं हुआ। ये लोग बताते हैं कि उन्होंने कौन से इरादे तय किए थे या कौन से काम किए थे। यहाँ तक कि वे उन घटनाओं को भी बताते हैं, जिनसे उन्हें विश्वास हो गया कि यह काम नहीं कर रहा था। वे जानना चाहते हैं कि क्यों।

मैंने यह पुस्तक लिखने का निर्णय इसलिए लिया, क्योंकि ये लोग और कई दूसरे लोग एक अहम बात चूक रहे हैं। लोगों के लिए यह कहना आम है कि वे कोई चीज़ पाना, बनना या करना चाहते हैं : अमीर बनना, शानदार फ़ैशनेबल स्पोर्ट्स कार चलाना या पहाड़ी पर बड़े मकान का मालिक बनना। लेकिन उनके भीतर सीमित करने वाले विश्वासों का एक पूरा झुंड बैठा हुआ है, जो नकारात्मक चर्चा को निरंतर प्रवाहित करता है और इस तरह की बातें कहता रहता है :

"मैं अमीर बनने के क़ाबिल नहीं हूँ।"

"अमीर लोग चोर होते हैं।"

"तेज़ कार मेरी जान ले लेगी।"

"मेरी पत्नी सोचेगी कि मुझ पर अधेड़ावस्था संकट आ गया है।"

"अगर मैं एक बड़ा मकान ख़रीद लूँगा, तो हर कोई मुझसे उधार माँगने लगेगा।"

"अगर मेरे पास बहुत कुछ हो और दूसरों के पास कुछ भी न हो, तो मुझे अपराधबोध होने लगेगा।"

यह नकारात्मक आत्म-चर्चा वे सीमित करने वाले विश्वास बताती है, जो आपके मन में मौजूद रहते हैं। हालाँकि आप कह सकते हैं कि आप अमीर बनना चाहते हैं, लेकिन आपके सीमित करने वाले विश्वास आपको दौलत आकर्षित करने से रोक देते हैं। वे वह बन जाते हैं, जिसे मैं विपरीत-इरादे कहता हूँ। हालाँकि आप कह सकते हैं कि आप अपने जीवन के किसी क्षेत्र को बेहतर बनाना चाहते हैं, लेकिन ये विपरीत इरादे आपको अपने लक्ष्य तक पहुँचने ही नहीं देते हैं; वे हर बार आपको पीछे घसीट लेते हैं। परिणाम यह होता है कि आप 40 के बजाय सिर्फ़ 20 पाउंड वज़न ही घटा पाते हैं, 1,00,000 के बजाय सिर्फ़ 25,000 डॉलर ही कमा पाते हैं और जब आपकी पिंटो कार चालू नहीं होती है, तो हर बार अपमानित महसूस करते हैं।

यह जानना महत्त्वपूर्ण है कि कुछ विपरीत-इरादे बाक़ी से ज़्यादा हठी हो सकते हैं। यह ख़ास तौर पर सच है, अगर आपने दूसरी व्यक्तिगत विकास योजनाओं को आज़माया है और परिणामों से निराश हुए हैं। इससे यह पता चलता है कि आपके विश्वासों की जड़ें गहरी हैं और उनसे उबरने में ज़्यादा समय और मेहनत लग सकती है। लेकिन तसल्ली रखें, इसे किया जा सकता है।

जब आप इस पुस्तक में बताए क़दमों पर चलते हैं, तो आप यह जान जाएँगे कि अपने मन में मौजूद सीमित करने वाले विश्वासों को कैसे पहचानें और अंततः उनसे पीछा कैसे छुड़ाएँ। यह दौलत और समृद्धि के चमत्कारों का द्वार खोल देता है, जो आपके जीवन में प्रवाहित होना चाहते हैं।

मैं टैक्सस के सुंदर पहाड़ी देहात में रहता हूँ और शाम को बाहर हॉट टब में आराम से लेटकर तारे देखना मेरा प्रिय शगल है। ये वही तारे

हैं, जिन्होंने दशकों पहले बेघरबारी में मेरा पतन देखा था। ये वही तारे हैं, जिन्होंने मुझे संघर्ष करके और एक-एक क़दम उठाकर ग़रीबी से बाहर निकलते देखा था। ये वही तारे हैं, जिन्होंने मुझे विजय और शानदार सफलता पाते देखा, जब मैंने अपने जीवन में चमत्कारों की उम्मीद करना सीख लिया। यह सच्चाई मेरे लिए इस बात का सबूत है कि क़ायनात का विस्मयकारी नज़ारा नहीं बदलता है; यह हमेशा मौजूद रहता है और यह उन सभी लोगों के लिए मौजूद रहता है, जो इसकी समृद्धि में भागीदारी करने का विकल्प चुनते हैं। मैंने बदलने का विकल्प चुना; इसके बाद मेरा जीवन जैसा बना और बना हुआ है, उसकी मैं कभी कल्पना भी नहीं कर सकता था या सपना भी नहीं देख सकता था।

हो सकता है कि आप संदेहवादी हों, हो सकता है कि आप निराश हों या आप जागरूकता और प्रबुद्धता के अगले स्तर तक उठने की कोशिश कर रहे हों। कारण चाहे जो हो, आप बदलने का विकल्प चुन सकते हैं; आप अपने जीवन में चमत्कारों को आने की अनुमति दे सकते हैं।

मैं आपको चुनौती देता हूँ कि आप इस खेल में शामिल होने का विकल्प चुनें और देखें कि यह कहाँ ले जाता है; हाशिए पर बैठकर किसी ऐसी चीज़ पर पत्थर न मारें, जिसे आप पूरी तरह नहीं समझते हैं।

1

विश्वास

*यथार्थवादी बनने के लिए आपको चमत्कारों में विश्वास
करना होता है।*

—हेनरी क्रिस्टोफ़र बेली

यदि माया निवासियों की भविष्यवाणी सही साबित होती, तो इस पुस्तक को पढ़ने के लिए इस संसार में एक भी इंसान मौजूद नहीं होता। क्योंकि उनके मुताबिक़ हमारी दुनिया 2012 में ख़त्म होनी थी। फिर भी मैंने इसे लिखा। इसका मतलब है कि यह पुस्तक लिखना अपने आप में काफ़ी विश्वास भरा काम रहा। मुझे विश्वास करना था कि एक कल होगा, जिसकी दिशा में काम किया जाए, एक ऐसा कल जहाँ विश्वास से फ़र्क़ पड़ सकता है।

शायद मैंने यहाँ प्रलय की भविष्यवाणियों को हल्केपन में लिया हो, लेकिन मेरा अर्थ बहुत सच्चा है। आज हमारा संसार सभी स्तरों पर प्रलय की भविष्यवाणियों, नकारात्मक लोगों और अभूतपूर्व आलोचना से भरा हुआ है। लेकिन यह अपूर्ण और आधी-अधूरी संभावना से भी भरा है; और विश्वास ही वह औज़ार तथा प्रेरक शक्ति है, जो हमें इन संभावनाओं को साकार करने की ओर ले जाएगी।

विश्वास

इस शब्द के कई अर्थ हैं, लेकिन उन सभी में यह संकेत मिलता है कि इसमें किसी चीज़, शक्ति या शक्तियों में विश्वास किया जा रहा है, जो आपके व्यक्तिगत नियंत्रण से परे कार्य करती है और यह भी कि आप सकारात्मक, उत्पादक और प्रगतिशील परिणाम उत्पन्न करने के लिए इस "चीज़" तक

पहुँच सकते हैं। सबसे बुनियादी स्वरूप में, इसी कारण आप अपनी आँखें खोलते हैं और हर नई सुबह शुरू करते हैं तथा रोज़मर्रा की ज़िंदगी की चुनौतियों का सामना करने के लिए तैयार होते हैं। विश्वास एक तरह का सोता है, जिससे हर दूसरी चीज़ संभव बनती है।

विश्वास सिर्फ़ महत्त्वपूर्ण ही नहीं है, यह तो अनिवार्य है...

अलग-अलग धर्मों के भीतर "विश्वास" शब्द के विशिष्ट अर्थ और सूक्ष्म भेद हो सकते हैं, लेकिन किसी ख़ास संस्कृति या धार्मिक विश्वास के दृष्टिकोण से इसकी ओर न देखें। यह धारणा तो देश या दर्शन की सीमाओं के पार जाती है - यह मानव जीवन का अनिवार्य हिस्सा है। मैं एक अँगूठी पहनता हूँ, जो 2,500 साल पुरानी है। यह ठोस सोने की बनी है और इसे प्राचीन रोम में बनाया गया था। इस पर एक लैटिन शब्द अंकित है : फ़ाइडेम (आस्था)। मैं इसे सात साल से पहन रहा हूँ तथा इसके प्राचीन संदेश और सच्चाई से प्रेरणा ले रहा हूँ, जिस तरह मुझसे पहले बहुत सारे लोगों ने ली है। उन उद्धरणों पर ग़ौर करें, जिन्हें मैंने इस पुस्तक में बिखेरा है - किसी स्वादिष्ट व्यंजन में मसाले डालने की तरह, विश्वास की अवधारणा को दर्शाने के लिए उनका इस्तेमाल किया है और इस विषय पर कई अन्य लेखकों व चिंतकों के विचार शामिल किए हैं। ये उद्धृत शब्द कई अलग-अलग युगों और देशों के हैं।

वास्तव में संसार की सभी संस्कृतियों ने विश्वास पर आधारित तंत्र विकसित किए हैं। ज़िंदा रहने के लिए भी हमें अकेले और सामूहिक रूप से इसकी ज़रूरत होती है। ज़ाहिर है, संसार और इसकी शक्तियाँ हमारे नियंत्रण में नहीं हैं, न ही वे कभी पूरी तरह हो सकती हैं। विश्वास उन अज्ञात तत्वों पर बना पुल है - एक ऐसे भविष्य की ओर ले जाने वाला पुल, जिसकी हम भविष्यवाणी नहीं कर सकते। सरल भाषा में कहें, तो विश्वास हमें जीवन का दैनिक संघर्ष जारी रखने की शक्ति देता है। यह हमें हर दिन से गुज़ारकर अगले दिन की ओर ले जाता है और हमें भविष्य के लिए योजनाएँ बनाने की क्षमता देता है।

आज इंसान चंद्रमा, ग्रहों और तारों की प्रकृति व गतिविधियों को समझ चुका है, लेकिन इसके पहले यह विश्वास ही था, जिस वजह से वह रात को

इस निश्चित ज्ञान के साथ सो पाता था कि सूरज अगली सुबह उगेगा, मौसम जारी रहेंगे, पृथ्वी और वर्षा उसकी फ़सल को पोषण देंगी और ज़िंदगी हमेशा उसी तरह चलती रहेगी, जिस तरह कि यह अतीत में चली थी। अब हम उन प्राचीन संस्कृतियों पर मुस्करा सकते हैं, जो इतनी मासूम और अज्ञानी थीं कि अच्छी फ़सल या अच्छी बारिश के लिए देवताओं को बलि चढ़ाती थीं। लेकिन ज़रा इस बारे में सोचें – क्या हमने दयालु सूर्य और वर्षा के देवता में अपनी आस्था को बदलकर विज्ञान में स्थापित नहीं कर लिया है? निश्चित रूप से, अब हम ओझाओं और गाँव के बड़े-बूढ़ों के रहस्यमय अनुष्ठानों में "अंधविश्वास" के बजाय प्रकाशित शोध और वैज्ञानिक पद्धति में सुरक्षित महसूस कर सकते हैं – एक ऐसी विधि जो हमें कहीं ज़्यादा विश्वसनीय और समझ में आने वाली लगती है। लेकिन, विज्ञान पर हमारी निर्भरता भी विश्वास या आस्था पर आधारित है – इन वैज्ञानिक सिद्धांतों का समर्थन करने वाली संस्थाओं और प्रक्रियाओं पर विश्वास। यह विश्वास है कि हमारे बनाए तंत्र उसी तरह काम करते हैं, जैसा हमारा इरादा था और दरअसल वे इसके परिणामों की विश्वसनीयता सुनिश्चित करते हैं।

विश्वास हमारी निजी और रोज़मर्रा की ज़िंदगी में ही महत्त्वपूर्ण नहीं होता है; पूरा मानव समाज ही विश्वास पर आधारित है। सहयोग से काम करने की क़ाबिलियत की वजह से ही मानव जाति फली-फूली है और यह वृहद सहयोग विश्वास पर काम करता है। संसार में हर व्यक्ति यह विश्वास करते हुए अपनी भूमिका निभाता है कि हर दूसरा व्यक्ति भी ऐसा ही करेगा, ताकि समाज की सारी अनिवार्य चीज़ें पूरी हो जाएँ। इसमें यह विश्वास करना शामिल है कि समाज और इसके सारे तंत्र सबकी भलाई के लिए काम कर रहे हैं।

समाज और इसकी संस्थाओं पर ही आज प्रश्नचिह्न लग चुके हैं, जिसकी वजह से वर्तमान युग में विश्वास करना बहुत चुनौतीपूर्ण बन गया है। नेताओं से कारोबारी दिग्गजों और आधुनिक औद्योगिक व डिजिटल संसार के पूरे ढाँचे तक, ख़ास तौर पर पिछले दशक में हमने वर्तमान समाज के स्तंभों को विश्वास और सम्मान की स्थिति से लुढ़ककर शक व अनादर की निराशाजनक स्थिति तक आते देखा है। शेयर बाज़ार 2008 में लुढ़क गया, लेकिन कुछ साल बाद वही आर्थिक तंत्र, वही बैंक और अन्य संस्थाएँ नोट छाप रही हैं, जबकि पहले से ज़्यादा लोग बेरोज़गार घूम रहे हैं। हम उन

नेताओं और व्यवसायियों के बारे में सुनते हैं, जो हमारे टैक्स का पैसा ख़र्च करते हैं, स्कैंडल करते हैं और भ्रष्टाचार में लिप्त रहते हैं। *अगर शिखर पर बैठे लोगों ने अपनी ज़िम्मेदारियाँ छोड़ दी हैं, तो फिर मैं भी ऐसा क्यों न करूँ?* (कुछ इसी तरह की सोच होती है)। अगर कोई दूसरा विश्वास नहीं करता है, तो फिर इसमें क्यों समझदारी है कि मैं विश्वास करूँ? विश्वास किस पर?

संसार के दूसरे देशों पर हमारा विश्वास आतंक और हिंसा के कार्यों की वजह से उठ चुका है और दुनिया पहले से कहीं ज़्यादा डरावनी जगह नज़र आती है। दूसरे देशों पर विश्वास करने के बजाय अब हमें यह महसूस होता है कि हमें उनसे अपनी रक्षा करनी होगी। पूरे संसार में अविश्वास और तनाव का वातावरण बना हुआ है।

हमारे डर चाहे कितने भी जायज़ हों या नज़र आते हों, हमारे उठाए रक्षात्मक क़दम चाहे जितने समझदारी भरे लगते हों, सिक्के का दूसरा पहलू यह है कि चुनौतीपूर्ण समय में हमें विश्वास की सबसे ज़्यादा ज़रूरत होती है। हम अपने संसार में और इसकी सारी चीज़ों में सामूहिक रूप से विश्वास खो रहे हैं, इसलिए आज हमें इसकी पहले से कहीं ज़्यादा ज़रूरत है, अगर हम अपनी पुरानी समस्याओं के समाधान खोजना चाहते हैं या अनुसरण के लिए नए मार्ग तलाशना चाहते हैं। विश्वास ही है, जो हमें संकट के पार और सृजन की ओर ले जाएगा। अगर हम बेहतर कल देखना चाहते हैं, तो हमें बेहतर कल में विश्वास करना होगा। सकारात्मक परिवर्तन तभी संभव है, जब हममें वह विश्वास होगा, जो इसे साकार करने के लिए ज़रूरी है।

अगर हम यह नहीं करते हैं, या कर नहीं सकते हैं, तो क्या होगा? ज़रा विकल्प के बारे में सोचें। अगर हम सारा विश्वास गँवा दें, तो क्या होगा?

विकल्प है दुख...

> *शंका ऐसी पीड़ा है, जो इतनी एकाकी है कि यही नहीं जानती कि विश्वास इसका जुड़वाँ भाई है।*

> —ख़लील जिब्रान

ऊपर वाला उद्धरण ख़ास तौर पर प्रासंगिक है। विश्वास के अभाव में शंका रहती है और शंका डर से उत्पन्न होती है। शंका के कारण हम संसार से कट जाते हैं और ख़ुद में सिमटकर रह जाते हैं। यह हर व्यक्ति का स्वार्थपूर्ण मामला बन जाता है, जो निराशावादी संसार में ज़िंदा रहने की कोशिश कर रहा है, जो कोई मदद या सहायता नहीं देता है। यह सचमुच अनुसरण के लिए सूनी, दर्द भरी राह है, जो उन्हीं बोझों और स्याह नज़रिये से भरे कल की ओर ही ले जाती है। लेकिन विश्वास और शंका एक ही सिक्के के दो पहलू हैं तथा आप हमेशा चुन सकते हैं कि आप किस तरफ़ रहना पसंद करेंगे।

> *हर कल के दो हैंडल होते हैं। हम इसे चिंता के हैंडल से पकड़ सकते हैं या फिर हम इसे विश्वास के हैंडल से पकड़ सकते हैं।*
>
> **—हेनरी वॉर्ड बीचर**

विश्वास हमारे जीवन के लगभग हर पहलू में महत्त्वपूर्ण होता है। यह एक ख़ुशहाल, संतुष्टिदायक और सफल जीवन तथा उस जीवन के बीच का असल फ़र्क़ होता है, जो एक ही ढर्रे पर चल रहा है और किसी तरह गुज़ारा करने में ही समझौता कर रहा है। यह ख़ुद के साथ शांति में रहने और लगातार चिंता व तनाव की अवस्था में रहने के बीच का फ़र्क़ है।

अगर आपको ख़ुद पर भरोसा नहीं है, तो आप अपनी संभावना या क्षमता को देख ही नहीं पाएँगे। आप अपने सामने मौजूद अवसरों की कभी छानबीन ही नहीं करेंगे। इससे भविष्य के लिए आपकी योजनाएँ सीमित हो जाएँगी। सपना देखने की आपकी क़ाबिलियत भी कम हो जाएगी, जो आपकी देखी-भाली चीज़ों से आगे तक जाती हो।

अगर आपको दूसरे लोगों पर विश्वास नहीं है, तो आप कभी उनके साथ - या किसी के साथ - अपने संबंधों पर विश्वास नहीं कर पाएँगे। आप भयभीत रहेंगे, आप शंकालु रहेंगे और शक आपके सभी क़रीबी संबंधों में ज़हर घोल देगा। वास्तव में आपको किसी भी संबंध को क़ायम रखने में मुश्किल आएगी; आपको यह विश्वास नहीं होगा कि आपका मित्र शो में जाने के लिए निश्चित समय पर आपको मिल जाएगा या इस बात पर विश्वास

नहीं होगा कि आपका जीवनसाथी वफ़ादार है और हर वक़्त आपके सर्वश्रेष्ठ संयुक्त हितों के लिए काम करता है – हमारे सारे महत्त्वपूर्ण संबंध विश्वास की नींव पर टिके होते हैं।

अगर आपको अपने समुदाय और आस-पास के ज़्यादा व्यापक संसार पर विश्वास नहीं है, तो आप इसके भीतर किसी भी तरह का व्यवहार करने में सकुचाएँगे। आपको कई ऐसे काम करना भी बहुत मुश्किल लगेंगे, जो हमारे संसार में काम करने, यहाँ तक कि ज़िंदा रहने के लिए भी अनिवार्य हैं, जैसे नौकरी खोजना या ज़रूरत पड़ने पर मदद की तलाश करना। शंका और डर – जो विश्वास के विपरीत हैं – की वजह से ही देश युद्ध छेड़ते हैं और विश्व में तनाव व्याप्त रहता है।

यदि किसी ज़्यादा ऊँची शक्ति में विश्वास नहीं है, तो आप पूरी तरह अकेले रह जाते हैं। आप उन शक्तियों के रहमोकरम पर छूट जाते हैं, जिन्हें आप कभी समझ नहीं सकते या नियंत्रित नहीं कर सकते। यह रहने के लिए एक भयंकर जगह बन जाती है। हर काम विशुद्ध बचाव की स्वार्थपूर्ण गतिविधि बनकर रह जाता है – और इससे ज़्यादा कुछ नहीं।

विश्वास इन सभी क्षेत्रों में महत्त्वपूर्ण है – ख़ुद पर विश्वास, दूसरे लोगों पर विश्वास, ज़्यादा व्यापक संसार पर विश्वास और हमारे संसार व मानव क्षमता से परे किसी चीज़ पर विश्वास। सरल भाषा में, अगर आपको विश्वास नहीं है, तो आप दुखी रहेंगे। इससे बाहर निकलने का कोई तरीक़ा नहीं है। यदि समाजों को ख़ुद पर या एक दूसरे पर कोई विश्वास नहीं है, तो यह अंतहीन कलह की ओर ले जाता है, जिसमें हर कोई अपने त्वरित लाभ के लिए धक्कामुक्की करता है और सामान्य हित या मानव जाति की कोई सर्वव्यापक धारणा मौजूद ही नहीं होती है। यह एक भावहीन, हृदयहीन क़िस्म के संसार की ओर ले जाता है, जो किसी तरह के परोपकार, सहयोग या सौंदर्य में कमोबेश अक्षम नज़र आता है। यह असीमित संभावना के बजाय नकारात्मक संभावना का संसार बन जाता है।

विश्वास की कमी से यही होता है। यह जीवन में निष्क्रिय घटक नहीं होता है; वास्तविकता इससे बहुत दूर है। विश्वास वह जादू है, जो बीजों को फूल में बदल देता है और विचारों तथा सपनों को हमारी हक़ीक़त में बदल सकता है।

*विश्वास सचमुच वह बता देता है, जो इंद्रियाँ नहीं बताती हैं,
लेकिन उनकी अनुभूति के विपरीत नहीं। यह उनके ऊपर
होता है; उनके विपरीत नहीं होता।*

—ब्लेज़ पास्कल

विश्वास अंधा नहीं है और दंतहीन भी नहीं है। मध्य युग में असंख्य कीमियागरों के मन में "विश्वास था" कि एक दिन उनके प्रयोग धातुओं को सोने में बदल देंगे, और यह एक कमज़ोर विश्वास साबित हुआ, क्योंकि उन्होंने चाहे जितनी कड़ी कोशिश की, पीतल और ताँबा फिर भी पीतल और ताँबा ही रहे और कभी सोने में नहीं बदल पाए। बाद में जाकर पता चला कि जिन मान्यताओं के साथ उन्होंने शुरू किया था, दरअसल वही ग़लत थीं और विश्वास या कड़ी मेहनत की कोई भी मात्रा धातुओं के भौतिक गुणों को नहीं बदलने वाली थी।

इसका मतलब है कि विश्वास की जड़ें वास्तविकता में होनी चाहिए। यह वर्तमान और आने वाले कल के बीच का पुल अवश्य है, लेकिन यह बुनियादी सिद्धांतों या वास्तविकताओं को नहीं बदल सकता। यह विचार से वास्तविकता तक की छलाँग लगाने में आपकी मदद ज़रूर कर सकता है, लेकिन यह भौतिकी के नियमों को नए सिरे से नहीं लिख सकता। यह बड़ा व्यावहारिक जादू है, लेकिन यहीं पर यह रोमांचक भी बन जाता है। यह इस तरह का जादू है, जिसमें सचमुच फूल खिलेंगे और फल मिलेंगे। यह ऐसा जादू है, जो आपको ठोस परिणाम देगा।

उस विचार की ओर लौटते हैं, जहाँ मैंने यह अध्याय शुरू किया था। इस पुस्तक का अस्तित्व ही दरअसल विश्वास पर टिका था। प्रकाशक एक बहुत बुनियादी विचार लेकर मेरे पास आए, जिसकी बस हल्की-सी रूपरेखा थी और हाँ करने के लिए मेरे मन में यह विश्वास होना ही था कि कोई चीज़ हो जाएगी और मैं पुस्तक को पूरा करने में कामयाब हो जाऊँगा। मुझे यह विश्वास करना था कि मैं कुछ महान और उपयोगी विचार सोच लूँगा और उनसे एक ऐसी पुस्तक बना लूँगा, जो लोगों को प्रेरित करे और उस तरह के परिणाम हासिल करने में उनकी मदद करे, जो वे अपने ख़ुद के जीवन और इससे आगे चाहते थे। वास्तव में हर पुस्तक, हर सृजनात्मक कार्य विश्वास

का कार्य होता है। यह विश्वास का व्यावहारिक जादू है।

विश्वास वह पक्षी है, जो भोर में अँधेरा होने पर भी प्रकाश को महसूस कर लेता है।

—रवीन्द्रनाथ टैगोर

विश्वास तब पहले पायदान पर पैर रखना है, जब आपको पूरी सीढ़ियाँ न दिख रही हों।

—मार्टिन लूथर किंग, जूनियर

विश्वास शून्य में से कुछ बना सकता है...

यह वास्तविक, असली और रोज़मर्रा के क़िस्म का जादू है, जो विश्वास की बदौलत आपके जीवन में हो सकता है। आपकी स्थितियाँ या परिस्थितियाँ चाहे जो हों, आपको वर्तमान से सीमित होने की ज़रूरत नहीं है। विश्वास आपकी आँखें उन बहुत सच्चे और ठोस अवसरों के प्रति खोल देगा, जो आपके चारों ओर इंतज़ार कर रहे हैं, लेकिन अगर विश्वास नहीं होगा, तो आप उनकी तलाश भी नहीं करेंगे।

डॉ. मार्टिन लूथर किंग, जूनियर एक ऐसे संसार में बड़े हुए थे, जो स्पष्ट रूप से विभाजित था। उनकी प्रजाति के लोग समाज के दमित तबके के थे और जहाँ तक वे जानते थे, स्थिति हमेशा ऐसी ही रही थी। बस में सवारी करने से लेकर फ़िल्म देखने जाने तक, सार्वजनिक जीवन का हर पहलू दो धाराओं में बँटा था और मार्टिन लूथर किंग का मार्ग सुविधाहीन हिस्से में आता था। उनके पास यह यक़ीन करने का कोई कारण नहीं था कि यह स्थिति कभी बदलेगी और दरअसल कई शक्तियाँ यह सुनिश्चित करने के लिए सक्रिय थीं कि परिस्थितियाँ जैसी थीं, वैसी ही बनी रहें। लेकिन किंग ने अपने आस-पास देखकर एक ऐसे संसार की कल्पना की, जहाँ सभी प्रजातियों के लोग शांति और समानता में सह-अस्तित्व क़ायम रख सकें। अपने दिल में वे जानते थे कि यह सच हो सकता है। ज़रा कल्पना करें कि उन्हें सीढ़ी के पहले पायदान पर पहुँचने के लिए - मानव अधिकार की

ख़ातिर अपना शांति-आधारित संघर्ष शुरू करने के लिए – कितने ज़बर्दस्त विश्वास की ज़रूरत रही होगी! लोगों ने सोचा होगा कि वे पागल हैं, जो इसकी कोशिश कर रहे हैं। निश्चित रूप से कई लोगों ने उन्हें रोकने की कोशिश की। लेकिन उनकी दुखद हत्या भी उस सपने को नहीं रोक पाई, जब एक बार इसने गति हासिल कर ली और लोगों की कल्पना को जाग्रत कर दिया। आज हम एक ऐसे संसार में रहते हैं, जिसमें अमेरिका पर एक अश्वेत राष्ट्रपति शासन करता है। यह एक ऐसी चीज़ है, जिसके बारे में उनके युग में सोचा भी नहीं जा सकता था। यह विश्वास की बिलकुल असली शक्ति है।

ज़्यादा छोटे और रोज़मर्रा के पैमाने पर देखें, तो एक मित्र हाल ही में मुझे एक मकान ख़रीदने का अपना अनुभव बता रही थी। उसे एक उपेक्षित जायदाद दिखी, जो बहुत ही सस्ते दामों में बिक रही थी और भाव काफ़ी वाजिब लग रहा था। यह पत्थर का बना पुराना मकान था और इससे वह ललचा गई, हालाँकि दशकों से इसकी सजावट या मरम्मत नहीं हुई थी। जायदाद एक बुज़ुर्ग महिला की थी, जो एकाकी जीवन जी रही थी और उसने पीछे के आँगन को पूरी तरह परित्यक्त कर दिया था। इससे यह उलझे हुए झाड़-झंखाड़ों के समूह में बदल गया था, जो निराशाजनक रूप से जंगली लग रहे थे।

नल और बिजली जैसे कामकाजी बुनियादी मुद्दे तो थे ही, इसके अलावा सजावटी "योजना" भी हर उस चीज़ का मिश्रण थी, जो 1970 के दशक में गड़बड़ थी – नक़ली मख़मली वॉलपेपर से लेकर भड़कीले मिरर्ड टाइल्स तक। इसके बावजूद मेरी मित्र ने उस जर्जर मकान और गंदे आँगन की संभावना को देख लिया, हालाँकि कॉन्ट्रैक्टर्स उसे बता रहे थे कि जीर्णोद्धार कराने का उसका निर्णय ग़लत था और सबसे अच्छा यही रहेगा कि वह उस जगह पर बुलडोज़र चलवा दे और नए सिरे से मकान बनवाए। ज़िद पकड़कर उसने अपने सपने को थामे रखा और जानते हैं क्या हुआ? जीर्णोद्धार पूरा होने पर आलोचनात्मक व्यवसायी तक उस प्यारे पत्थर के मकान के गुण गा रहे थे, जिसे उसने पूर्ण उपेक्षा से उबारा था – और विनाश से बचाया था। अच्छी बात यह थी कि भारी जीर्णोद्धार के बावजूद उसे यह मकान इतने दाम में पड़ा, जो उस इलाक़े के मकानों से काफ़ी कम था। चाहे आपका मक़सद संसार को बदलना हो या सिर्फ़ अपनी ख़ुद की

विश्वास की ताक़त

परिस्थितियों को बेहतर बनाना हो, विश्वास सर्वश्रेष्ठ संभव परिणाम हासिल करने में एक मुख्य भूमिका निभाता है।

तो, एक तरफ़ ऐसा विश्वास होता है, जो अंधा और ग़लत जगह पर रखा होता है। दूसरी तरफ़ ऐसा विश्वास होता है, जो बेहतर कल की सच्ची राह होता है। आप इन दोनों का फ़र्क़ कैसे जान सकते हैं? आप कीमियागर बनने यानी असफल होने से कैसे बचें और इसके बजाय उन लक्ष्यों तक कैसे पहुँचें, जो हासिल किए जा सकते हों? आने वाले अध्याय आपके विश्वास को असल संसार में रखने के बारे में ज़्यादा विस्तार से बात करेंगे। उनमें आपको दिवास्वप्न और असली स्वप्न के बीच का फ़र्क़ बताया जाएगा। लेकिन हाल-फ़िलहाल इस बात पर विचार करें : विश्वास वह है, जो पहली योजना के नाकाम होने के बावजूद आपको चलाता रहेगा। तब आपको असफलता अंतिम परिणाम नहीं, बल्कि सिर्फ़ एक सीढ़ी लगेगी, क्योंकि आपके पास स्वप्न होगा और कोशिश करते रहने का साहस होगा। आपमें अपनी सोच को दोबारा ढालने और अपनी पद्धतियों का नए सिरे से इस्तेमाल करने का दमखम होगा, जब तक कि आपके पास कारगर, असली समाधान न आ जाए। निश्चित रूप से डॉ. किंग, जूनियर के मार्ग में कई बाधाएँ और मुश्किलें थीं। इसी तरह मकान ख़रीदने वाली मेरी मित्र को भी घर के जीर्णोद्धार की राह में रोंगटे खड़े करने वाले पल झेलने पड़े थे। ऐसा नहीं है कि विश्वास अपने आप हर चीज़ को आसान बना देगा – लेकिन यह निश्चित रूप से आपको अंत तक ले जाएगा और यही सबसे अहम हिस्सा है।

विश्वास जोशपूर्ण अंतर्बोध है।

—विलियम वड्र्सवर्थ

विश्वास हृदय का ऐसा ज्ञान है, जो प्रमाण की पहुँच से परे है।

—ख़लील जिब्रान

विश्वास आपको ख़ुद से परे ले जाता है – यह आपसे ज़्यादा बड़ी किसी चीज़ में विश्वास करने के बारे में है...

विश्वास और सच्चा अंतर्बोध क़रीबी रूप से गुँथे हुए हैं। "सच्चे" अंतर्बोध से मेरा मतलब ऐसे बोध से नहीं है, जो आपको बता दे कि आज के दिन आपकी क़िस्मत अच्छी है और आपको जाकर लॉटरी का टिकट ख़रीद लेना चाहिए। यह ख़याली पुलाव पकाना है, जो अंततः स्वार्थपूर्ण और अयथार्थवादी इच्छा पर आधारित है। सच्चे अंतर्बोध के भीतर सत्य की असंदिग्ध चमक होती है। यह उन बीजों को पहचानने में सक्षम होता है, जो वैसे नहीं दिखते या काम करते हैं, जैसे बीजों को आपने पहले कभी देखा है। यहीं पर इसके और विश्वास के मार्ग एक-दूसरे को काटते हैं और एक-दूसरे के पार होते हैं।

आप वर्तमान में जो सुन और देख सकते हैं, विश्वास आपको उसके पार ले जाता है और आपको एक ऐसी शक्ति के संपर्क में पहुँचा देता है, जो आपसे परे है, चाहे आप धार्मिक हों या न हों।

> *जब आपका विश्वास सशक्त होता है, तो आप पाएँगे कि अब नियंत्रण का अहसास पाने की कोई ज़रूरत ही नहीं रह गई है, कि चीज़ें उसी तरह प्रवाहित होंगी जैसी वे होंगी और आप भारी आनंद और लाभ महसूस करते हुए उनके साथ प्रवाहित होंगे।*
>
> —इमैनुअल टेनी

विश्वास के बारे में एक सचमुच अद्भुत बात यह है कि यह अपने आप बढ़ता है और इसका संग्रहीत प्रभाव होता है। जब आप किसी ख़ास मार्ग पर चलना शुरू करते हैं, तो आपके पैर थोड़े डगमगा सकते हैं, क्योंकि आप अब भी कुछ हद तक एक ऐसे डर के बोझ तले दबे हैं, जो उन परिस्थितियों में पूर्णतः स्वाभाविक और तर्कसंगत नज़र आ सकता है। मेरी मित्र और उसके मकान ख़रीदने के प्रसंग पर लौटते हैं। उसने मुझे बताया कि जीर्णोद्धार की शुरुआत में वह कामकाज की जाँच करने के लिए हर दिन ऑफ़िस के बाद नए मकान की तरफ़ दौड़ लगाती थी। वह शुरुआती

परिणामों को देखकर हतप्रभ थी – दीवार और फ़र्श के सारे आवरण निकल गए थे, दीवारें गिर गई थीं, हर तरफ़ धूल और रेत के ढेर दिख रहे थे और घर बिलकुल रहने लायक़ नहीं दिख रहा था। उस वक़्त वह कॉन्ट्रैक्टर्स से लगातार सवाल करती थी और उनके हर निर्णय का सूक्ष्म अति प्रबंधन करने की कोशिश करती थी। मगर एक निश्चित बिंदु पर उसे यह अहसास हुआ कि वह दरअसल अपनी सफलता की राह में ख़ुद आड़े आ रही थी। उसे अहसास हुआ कि उसे बस इसे छोड़ देना था और यह विश्वास करना था कि सब कुछ दरअसल उसी तरह हो जाएगा, जैसा उसके शुरुआती स्वप्न ने वादा किया था। जैसा मैंने पहले ज़िक्र किया है, अंतिम परिणाम ने उसे सही साबित कर दिया।

विश्वास कर्म का पायदान है...

अब तक मैंने जो उदाहरण, क़िस्से और उद्धरण दिए हैं, उन सबमें एक बात समान है : वे विश्वास को कर्म से जोड़ते हैं। देखिए, कर्म के बिना विश्वास अपूर्ण वादे की तरह है, अनबोए बीज की तरह है, अधूरे सपने की तरह है। मिसाल के तौर पर, आपके मन में यह प्रबल विश्वास हो सकता है कि आपमें एक सफल पेशेवर संगीतकार बनने की प्रतिभा है, लेकिन अगर आप कभी कोई वाद्ययंत्र नहीं उठाते हैं या संगीत नहीं सीखते हैं, तो आप मंच पर खड़े होकर कार्यक्रम के बाद भीड़ की प्रशंसा ग्रहण नहीं कर पाएँगे। हो सकता है कि आपको बच्चों से प्रेम हो और उनके साथ संवाद करने की प्रतिभा हो, लेकिन अगर आप बी.एड. नहीं करते हैं और सही उपाधि हासिल नहीं करते हैं, तो आप कभी क्लास के सामने खड़े नहीं हो पाएँगे और युवा पीढ़ी को प्रेरित करने के लिए अपने गुणों का इस्तेमाल नहीं कर पाएँगे।

> *मेरे विचार में विश्वास एक कठोर बनाने वाली प्रक्रिया है,*
> *एक तरह का मानसिक कलफ़ है।*
>
> —ई. एम. फ़ॉर्स्टर

अगर विश्वास को वास्तविकता में लाने के लिए कर्म आवश्यक है, तो यह भी इतना ही सच है कि विश्वास विचार को कर्म में बदलने का

तरीक़ा है। यह एक सुंदर संयोजन है, जो एक दूसरे को पोषण देता है। मैं विश्वास के साथ साहस और दमखम दोनों का ज़िक्र पहले ही कर चुका हूँ – यह उन सब चीज़ों के लिए एक तरह का चुंबक है, जो सकारात्मक और उत्पादक प्रकृति है।

डर और शंका की वजह से आप झिझकेंगे, रुकेंगे और शायद परिवर्तन की प्रक्रियाओं को शुरू भी नहीं करेंगे। जब आप डर के साथ लगातार रहते हैं, तो आप अंततः हर इच्छा को उठते ही ख़ामोश कर देंगे, इससे पहले कि यह आकार लेना भी शुरू करे। आपके मन और आत्मा का वह हिस्सा, जो बेहतर भविष्य की आशा करता है, उस मोमबत्ती की तरह बुझा दिया जाएगा, जो हर मिनट ज़्यादा तेज़ होने वाली हवा में बुझ जाती है। आप भविष्य के बारे में निराशावादी होंगे और आपके डर साकार हो सकते हैं, क्योंकि जिस तरह विश्वास अपने आप बढ़ता है, उसी तरह डर व नकारात्मकता भी अपने आप बढ़ते हैं।

विश्वास होगा, तो आप क्षितिज पर रोशनी देखेंगे। आप उस साहस को खोज लेंगे, जो आपने कभी सोचा भी नहीं था कि आपमें है। आपमें उन स्थितियों में भी जवाब और समाधान खोजने की सामर्थ्य और शक्ति होगी, जहाँ कोई दूसरा ऐसा नहीं कर पाएगा। आप वह पहला क़दम उठा लेंगे, जिसके बाद बाक़ी सारे क़दम उठते चले जाएँगे।

> *हर सृजन के पीछे विश्वास होता है, जो इसे मेहराब की तरह*
> *सहारा देता है। उत्साह बेमानी है : यह आता-जाता रहता है।*
> *लेकिन यदि कोई विश्वास करता है, तो चमत्कार हो जाते हैं।*
> *—हेनरी मिलर*

मैंने इस पहले अध्याय को जिन उद्धरणों से शुरू और ख़त्म किया है, उनमें "चमत्कारों" का ज़िक्र है। इस पूरी पुस्तक में आप उन लोगों की कई कहानियाँ पढ़ेंगे, जिन्होंने विपरीत संभावनाओं को हरा दिया, अपने सपने सच किए और असंभव दिखने वाली चीज़ें हासिल कीं। ये ऐसे चमत्कार हैं, जो आपके जीवन में भी हो सकते हैं, बशर्ते आपको विश्वास हो।

2

ख़ुद पर भरोसा करें

साहस वाला इंसान विश्वास से भरा इंसान भी होता है।
—मार्कस टुलियस सिसरो

मैं नेपोलियन हिल की जीवनी से मंत्रमुग्ध हूँ, जो कालजयी पुस्तक *थिंक एंड ग्रो रिच* के लेखक हैं।

हिल बहुत ग़रीब परिवार से आए थे, जहाँ पढ़ने-लिखने या सीखने को महत्त्व नहीं दिया जाता था या प्रोत्साहित नहीं किया जाता था। लेकिन जब उनकी माँ के देहांत पर उनके पिता ने दूसरी शादी की, तो स्थिति बदल गई। उनकी सौतेली माँ हाई स्कूल के प्रिंसिपल की बेटी थीं और उन्होंने नेपोलियन हिल को नियमित स्कूल भेजा। वही थीं, जिन्होंने नेपोलियन को पहला टाइपराइटर ख़रीदकर दिया। नेपोलियन हिल स्थानीय ग्रामीण अख़बारों के लिए छोटे-छोटे लेख टाइप करने लगे और इस तरह उनका लेखन करियर शुरू हुआ। इससे लिखने और संदेश फैलाने का ऐसा जोश पैदा हुआ, जो उनके करियर की आधारशिला बना।

लेखन के अलावा वे कई दूसरी गतिविधियों में भी शामिल रहे। कई साल के प्रयासों और भूलों, कई व्यावसायिक अभियानों के बाद कहीं जाकर उन्हें अपना सही मक़ाम मिला, जब उन्होंने आठ खंड वाली पुस्तक *लॉज़ ऑफ़ सक्सेस* लिखी। उल्लेखनीय बात यह है कि वे इस विषय पर कई वर्षों से सक्रिय शोध कर रहे थे। जब वे अपनी सफलता के शुरुआती वास्तविक वित्तीय फलों का स्वाद चख रहे थे, तभी 1929 में शेयर बाज़ार बुरी तरह लुढ़क गया, जिससे पूरा संसार महामंदी की चपेट में आ गया और इस तरह की पुस्तकों के प्रति जनता की भूख कम हो गई। 1957 में जाकर उन्होंने

थिंक एंड ग्रो रिच लिखी, जो तुरंत बेस्टसेलर बन गई।

न सिर्फ़ यह शख़्स सफलता की महान मार्गदर्शिका लिखने के लिए 20 साल तक संघर्ष करता रहा, बल्कि उन्होंने ग़रीबी के थपेड़े सहे, उनकी जान जोखिम में थी, उनके समर्थकों की हत्या कर दी गई, वे कई मर्तबा गंभीर निराशा के शिकार रहे और उनके परिवार ने इतने दुख झेले कि कल्पना भी नहीं की जा सकती।

तो हम यह कह सकते हैं - उन्हें रातोंरात सफलता नहीं मिली थी।

नेपोलियन हिल की जीवन गाथा में एक चीज़ अलग हटकर दिखती है। यह है नकारात्मक को सकारात्मक में बदलने की क़ाबिलियत। बादल कितना ही स्याह हो, वे हमेशा सुनहरी लकीर की तलाश करते थे। कुछ लोगों को देखकर लगता है, जैसे उनमें बुराई में छिपी अच्छाई देखने की पैदाइशी योग्यता है, लेकिन मुझे विश्वास है कि यह एक ऐसी चीज़ है, जिसे आप भी सीख सकते हैं और विकसित कर सकते हैं।

विश्वास उन सकारात्मक संभावनाओं के प्रति आपकी आँखें खोल देगा, जो सबसे स्याह परिस्थितियों में भी मौजूद होती हैं, सिर्फ़ इसलिए क्योंकि विश्वास आपको बताएगा - आश्वस्त करेगा और तसल्ली देगा - एक ज़्यादा सकारात्मक परिणाम संभव है, भले ही इसकी संभावना नज़र न आ रही हो। आपको विश्वास होगा कि आप खोजेंगे, तो यह आपको मिल जाएगा। इस विश्वास की बदौलत आप इसकी तलाश तब तक नहीं छोड़ेंगे, जब तक कि आपको वह सकारात्मक परिणाम मिल नहीं जाता। यह सरल लगता है और यह है भी, लेकिन विश्वास से काम करने और डर से काम करने के बीच की खाई बहुत बड़ी है। अगर आप चिंता और डर के दृष्टिकोण से संसार और हर स्थिति की ओर जाते हैं, तो आपकी आँखें कमोबेश बंद होंगी और आप उस सकारात्मक समाधान को देख ही नहीं पाएँगे, जो हो सकता है कि आपके ठीक सामने खड़ा हो। नेपोलियन हिल बहुत ही मुश्किल समय में रहे थे, लेकिन वे जानते थे कि उनके पास संसार को देने के लिए कोई मूल्यवान चीज़ है। उन्होंने किसी भी चीज़ को यह अनुमति नहीं दी कि वह उन्हें रोक ले।

ख़ुद पर विश्वास आपको तब भी चलाता रहेगा, जब संसार आपको नीचे गिराता है...

ख़ुद पर विश्वास के प्रमाण और शक्ति को देखने के लिए मुझे अपनी ख़ुद की कहानी से ज़्यादा आगे देखने की ज़रूरत नहीं है। अब तक बहुत से लोग यह बात जान चुके हैं कि 1970 के दशक के उत्तरार्ध में मैं डलास की सड़कों पर रहता था और उसके कई साल बाद ह्यूस्टन में ग़रीबी से जूझा था।

निश्चित रूप से, मैं भी रातोंरात सफल नहीं हुआ था।

लेकिन मैं इस विश्वास से लिखता रहा कि किसी दिन मेरी पुस्तक प्रकाशित होगी और मैं पेशेवर लेखक के रूप में जीवनयापन करूँगा। परिस्थितियाँ कितनी ही विकट रही हों, मैं इस काम में जुटा रहा। यह इंटरनेट या ई-मेल के काफ़ी पहले की बात है, जब सामान्य डाक बड़ी सुस्त गति से चलती थी। मैं अपनी पांडुलिपियाँ टाइपराइटर पर मेहनत से टाइप करता था और अपने लेख या पुस्तकों के विचार डाक से भेज देता था और धैर्य से – अंतहीन रूप से! – जवाब का इंतज़ार करता था। जैसा हर महत्त्वाकांक्षी लेखक जानता और मानता है, हालाँकि इस प्रक्रिया में बड़ा लंबा अरसा लगता था, लेकिन अस्वीकृति के पत्रों का ढेर बड़ी जल्दी जमा हो गया।

कुछ समय तक मैंने सोचा कि यही ढर्रा चलता रहेगा। लेकिन जब मैंने मेहनत की और अपनी लेखन प्रतिभाओं को निखारकर बेहतर लेखक बना, तो अंततः हालात बदलने लगे। मैंने लेखन व्यवसाय के बारे में जानकारी हासिल की और यह पता लगाया कि इसमें सेंध कैसे लगाई जाए। अस्वीकृतियाँ धीरे-धीरे स्वीकृति के पत्रों में बदल गईं और मैं सचमुच प्रकाशन जगत में अपनी जगह बनाने लगा; जैसा कहा जाता है, बाक़ी इतिहास है और आज मैं अमीरों व मशहूरों की जीवनशैली का आनंद लेता हूँ। अगर मुझे विश्वास नहीं होता, तो इसमें से कुछ भी नहीं होता, लेकिन निश्चित रूप से यह आसान नहीं था।

मैंने यह कहानी कई बार बताई है कि मैं ग़रीबी से बाहर कैसे निकला, लेकिन कुछ साल पहले तक मैंने यह पूरी बात कभी नहीं बताई थी कि मैं इतनी गंभीर परिस्थितियों में पहुँचा कैसे। मैं अपनी सफलता पर ध्यान केंद्रित करना चाहता था। मैं इस बात पर ध्यान केंद्रित करना चाहता था कि मैं तलहटी के सबसे निचले हिस्से से ऊपर तक कैसे आया। मैं अपने अनुभव से हासिल ज्ञान को बाँट रहा था। लेकिन जब मैं बार-बार कहानी का अंत

बता रहा था, तो मुझे यह उम्मीद करनी चाहिए थी कि कोई न कोई, किसी न किसी समय, पूरी कहानी जानने की इच्छा प्रकट करेगा। यह अप्रत्याशित रूप से एक डिनर पार्टी के दौरान हुआ, जब हमारे समूह की एक महिला ने मेरी ओर देखकर वह सवाल पूछा, जो मैं दरअसल नहीं सुनना चाहता था।

"आप बेघर कैसे बन गए?"

जब मैंने इस सवाल का जवाब दिया और डिनर पर बताया कि मैं बेघर कैसे हुआ, तो टेबल पर बैठा हर व्यक्ति मुझे घूरने लगा।

जिस महिला ने यह प्रश्न पूछा था, उसका मुँह खुला था और उसकी आँखें झपक नहीं रही थीं। उसने पूछा, "आपने यह सब पहले कभी क्यों नहीं बताया?"

मेरा मित्र मार्क भी वहाँ बैठकर मुझे घूरे जा रहे थे। वे बोले, "हालाँकि मैं आपको बहुत समय से जानता हूँ, लेकिन आपने यह कहानी पहले कभी नहीं बताई है। यह बेहद दिलचस्प है। यह हर चीज़ बदल देती है।"

हर चीज़ बदल देती है?

बेहद दिलचस्प?

मार्क ने कहा, "वर्तमान वित्तीय संकट में लोग अपने घर और नौकरियाँ गँवा रहे हैं, इसलिए आज यह कहानी बताने की जितनी ज़्यादा ज़रूरत है, उतनी पहले कभी नहीं रही।"

मैंने उनकी बात सुनी और मैं उनसे सहमत हो गया।

तो पूरी कहानी यह है...

मैं जब किशोर था, तभी से मैं जानता था कि मैं लेखक बनना चाहता हूँ। मैं ऐसी पुस्तकें और नाटक लिखना चाहता था, जिनसे लोगों को ख़ुशी मिले। जहाँ भी मैं देखता था, मुझे हर तरफ़ दुखी लोग दिखते थे। मुझे यक़ीन था कि मैं हास्य बोध से और कहानियाँ सुनाकर उनकी मदद कर सकता हूँ।

1970 के दशक के बीच का समय था, तब मैं खेलों को देखता था। आज ऐसी स्थिति नहीं है, लेकिन उस वक़्त मैं नियमित रूप से पेशेवर खेल देखता था और डलास काउबॉयज़ बेहद लोकप्रिय थे। रॉजर स्टॉबैक और टॉम लैंड्री हीरो थे। मुझ पर भी यह रोमांच हावी हो गया और मुझे लगा

कि अगर मैं नाम कमाना चाहता हूँ, तो इसके लिए मुझे डलास, टैक्सस जाकर रहना चाहिए।

उस वक़्त मैं ओहायो में रहता था। वहीं पैदा हुआ और पला-बढ़ा था। मैं पटरियों पर ट्रैकमैन का काम करता था, दिन भर भारी मेहनत करता था, पाँच साल की उम्र से वीकएंड और गर्मियों में भी काम कर रहा था। बड़े शहर की चकाचौंध मुझे खींच रही थी।

मैंने पैसे बचाए, अपना बैग जमाया और डलास की बस पकड़ ली। वहाँ पहुँचने में तीन दिन लग गए।

ज़ाहिर है, मैं उस बड़े शहर में खोया-खोया महसूस कर रहा था। मैं ओहायो के एक छोटे कस्बे में पैदा हुआ था और डलास जितने बड़े शहर की आपाधापी के लिए तैयार नहीं था। इसकी तेज़ गति से तालमेल बैठाना मुश्किल था।

जल्दी ही मैं बड़े शहर की हवा से उकता गया। मैं वहाँ से बाहर निकलना चाहता था।

लेकिन मैं लेखक भी बनना चाहता था और ओहायो के श्रमिक के रूप में मेरे पास न पर्याप्त ऊर्जा रहती थी, न ही पैसे कि लेखक बनने की दिशा में कुछ कर सकूँ।

उस वक़्त कई बड़ी कंपनियाँ अलास्का और मध्य पूर्व में तेल व गैस की पाइपलाइन बिछा रही थीं। वे भारी पैसे देने को तैयार थीं, अगर आप वहाँ जाकर अनुबंध पर काम करने के इच्छुक हों।

मैं किसी दूसरे देश जाकर मेहनत-मज़दूरी करने के लिए उत्सुक नहीं था, लेकिन यहाँ मैंने एक अवसर ताड़ा। अगर मैं पर्याप्त पैसे बचा लूँ, तो मैं बाद में छुट्टी लेकर लिखने का काम कर सकता हूँ।

यह एक ज़बर्दस्त रणनीति लग रही थी।

मैंने अख़बार के एक विज्ञापन का जवाब दिया, जिसमें बहुत ऊँचे घंटे वाली दर पर पाइपलाइन वाला काम दिलाने का वादा किया गया था। इतने पैसों में कुछ महीने विदेश में काम करना काफ़ी आकर्षक दिख रहा था – मैं एक साल या इससे ज़्यादा समय की छुट्टी ले सकता था। मैं उनके ऑफ़िस

गया, जहाँ मेरी मुलाक़ात एक उत्साही सेल्समैन से हुई। उस पद को हासिल करने के लिए अंततः मैंने अपना पूरा पैसा उसे दे दिया - मेरी पूरी बचत, जो उस वक़्त लगभग एक हज़ार डॉलर थी। उसने वादा किया कि मुझे एक-दो सप्ताह में विदेश में पाइपलाइन वाला काम मिल जाएगा।

आप अंदाज़ा ही लगा सकते हैं कि इसके बाद क्या हुआ होगा - लेकिन आप पूरी बात का अंदाज़ा नहीं लगा पाएँगे।

जिस कंपनी ने मेरा पैसा लिया था, वह एकाध सप्ताह में कारोबार से बाहर हो गई। उनके दरवाज़े बंद थे, कोई फ़ोन नहीं उठा रहा था और पत्र लिखने का कोई दूसरा पता नहीं था।

कुछ समय बाद कंपनी दिवालिया हो गई। उसके कुछ समय बाद अख़बार की सुर्ख़ियों से मुझे जानकारी मिली कि कंपनी के मालिक ने आत्महत्या कर ली थी। मेरा पैसा अब किसी तरह वापस नहीं लौट सकता था।

मैं अकेला था।

मैं दिवालिया था।

मैं डलास में था और अपने घर से दूर था।

मैं स्वीकार करता हूँ कि यहाँ मेरा अहं आड़े आ गया। अगर मैं ओहायो वापस लौट जाता, तो मेरा परिवार मेरा स्वागत करता! उनमें से कोई यह भी नहीं बोलता, "मैंने तुमसे पहले ही कहा था!" लेकिन मैं ज़िद्दी था और मैंने संकल्प ले लिया था कि अपने दम पर ही ज़िंदा रहूँगा। देखिए, मैं ज़िंदा रहा - चर्च की सीट पर सोकर, पोस्ट ऑफ़िस की सीढ़ियों पर सोकर, बस स्टैंड पर सोकर।

जैसी आप कल्पना कर सकते हैं, यह आसान समय नहीं था। इसीलिए मैं कभी इस बारे में कोई बातचीत नहीं करता था। यह बहुत शर्मसार करने वाला अनुभव था। कुछ सचमुच निराशाजनक पल थे और यह मेरे जीवन का ऐसा समय नहीं था, जिसके बारे में सोचकर मुझे ख़ुशी हो, दूसरों को बताने की बात तो रहने ही दें। लेकिन, जब मैंने डिनर पर अपनी आपबीती सुनाई, तो हर व्यक्ति का यही कहना था कि मुझे इसे बताना चाहिए।

उन्होंने कहा कि इतने सारे लोग आज इसी स्थिति में हैं - उन्होंने सरकार पर, कंपनी पर, किसी इंसान पर, या किसी बैंक पर भरोसा किया था

और अब वे अपना घर तथा नौकरियाँ गँवा रहे हैं। उन्होंने एक तंत्र में यक़ीन किया था, जो उन्हें निराश कर रहा था। अब वे खोया हुआ महसूस करते थे और यह नहीं जानते थे कि क्या करना है या किस दिशा में जाना है।

तीन दशक पहले मैं इसी परिस्थिति से गुज़रा था, लेकिन मैं न सिर्फ़ उस अनुभव से बच गया, बल्कि एक ऐसे स्तर तक समृद्ध हुआ, जिसकी तीस साल पहले का जो विटाले कल्पना भी नहीं कर सकता था। यह सब सुनना आपके लिए भी प्रेरक होना चाहिए।

मेरे मामले में यह सब विश्वास ने किया था। और यह आपके लिए भी कर सकता है। यह एक भिन्न भविष्य का शुरुआती बिंदु था, क्योंकि हालाँकि दूसरों ने मुझे धोखा दिया था, लेकिन फिर भी मैं ख़ुद में विश्वास करता था। मुझे पूरा यक़ीन था कि मैं अपनी मुश्किल स्थिति से उबर सकता हूँ – और यह विश्वास मुझे कर्म की ओर ले गया, अगला और अति महत्त्वपूर्ण क़दम। मैं सड़कों से, ग़रीबी से बाहर इसलिए निकल पाया, क्योंकि मैंने लगातार ख़ुद पर काम किया – सेल्फ़-हेल्प पुस्तकें पढ़ीं, कर्म किया, किसी भी मिलने वाले काम को करके अपना पेट पाला, लेकिन हमेशा अपने सपने पर ध्यान केंद्रित करता रहा : एक दिन ऐसी पुस्तकों का लेखक बनना, जिन्हें पढ़कर लोगों को ख़ुशी और प्रेरणा मिले।

अगर आप इस वक़्त किसी ऐसी जगह पर हों, जो बहुत अच्छी महसूस न होती हो या बहुत सुरक्षित न लगती हो, तो मैं आपसे आग्रह करता हूँ कि आप ख़ुद को याद दिलाएँ कि यह सिर्फ़ अस्थायी स्थिति है।

यही निराशा का इलाज है।

आप इस वक़्त जो अनुभव कर रहे हैं, वह सिर्फ़ वर्तमान वास्तविकता है, और पर्याप्त विश्वास होने पर वर्तमान वास्तविकता बदल सकती है। विश्वास आपको एक स्वप्न देता है, जो नज़दीक का नहीं, दूर का होता है। आप अपने जीवन में मौजूद उन बीजों को देख सकते हैं, जो फल देने वाले हैं – या दे सकते हैं।

आप जिस नए भविष्य, जिस नए कल को भाँप सकते हैं, उसकी ओर पहुँचने के लिए आप भी अपनी जानकारी के हिसाब से काम करके मदद कर सकते हैं, जो आपको इस समय करने की ज़रूरत है।

सूरज दोबारा चमकेगा। यह हमेशा चमकता है।

हाल-फ़िलहाल आपका काम इस बात पर ध्यान केंद्रित करना है कि आप क्या चाहते हैं। इसी पर निगाह जमाए रखें।

हाँ, कर्म करते रहें; हाँ, सकारात्मक बने रहें और ख़ुद को सकारात्मक लोगों के आस-पास रखें; हाँ, दूसरों को समर्थन देते रहें।

लेकिन याद रखें, अगर मैं या कोई दूसरा बेघरबारी, ग़रीबी, नौकरी छूटने या किसी दूसरी मुश्किल के बाद बच सकता है, तो आप भी बच सकते हैं।

बस वहीं टिके रहें।

एक और बात :

मैं स्वीकार करता हूँ कि ऐसा समय रहा है, जब मैं मैदान छोड़ना चाहता था और इस जीवन को ख़त्म करना चाहता था। ईश्वर का शुक्र है कि मैं डटा रहा। अगर मैं इस दुनिया से जल्दी चला जाता, तो मैं जादू और आश्चर्य, सफलता और शोहरत की यह ज़िंदगी कैसे जी पाता, जिसका मैंने सपना भी नहीं देखा था। इसके अलावा, मैं उन बेशक़ीमती संबंधों, अनुभव और भी बहुत कुछ से वंचित रह जाता।

मुझे ज़रा भी अंदाज़ा नहीं है कि आपके रास्ते में कौन सी अद्भुत अच्छाई आने वाली है – और आपको भी नहीं है। आपको तो बस इतना करना है कि राह पर बने रहें और अपने दिल का अनुसरण करें।

विश्वास इंसान की ज़रूरत है। वह अभागा है, जो किसी चीज़
में यक़ीन नहीं करता है।

—विक्टर ह्यूगो

ख़ुद में विश्वास पहला क़दम है...

यह अनिवार्य पहला क़दम है। यह एक ऐसी स्थिति है, जो यह कहने से शुरू होती है हालाँकि *मैं यह नहीं जानता कि भविष्य में सटीकता से क्या आने वाला है, लेकिन मैं जानता हूँ कि यह सही होगा।*

यह सुनने में बहुत आसान लगता है, लेकिन करने में बहुत मुश्किल हो सकता है। आपकी आँखों और कानों का प्रमाण इसके विपरीत हो सकता है। निश्चित रूप से, जब मैं बस अड्डों पर सो रहा था, तब मैं अपने आस-पास ऐसे लोगों को देखता था, जो कहीं जा रहे थे – परिवार और जोड़े एक-दूसरे का हाथ थामे थे, व्यवसायी और विद्यार्थी अपना व्यस्त जीवन जी रहे थे, जो रोचक व संतुष्टिदायक दिखता था, जबकि मैं अपना पेट भरने और हर रात सोने की जगह खोजने के लिए जूझ रहा था। मैं जिस संसार में रहता था, वह संभावना और आशा का संसार नहीं था; यह तो निराशाजनक और ज़िंदा रहने का दैनिक संघर्ष नज़र आता था। सिसिफ़स की यूनानी दंतकथा एक ऐसे इंसान की कहानी है, जिसे शाप दिया गया कि वह नरक में हर दिन एक भारी चट्टान को पहाड़ के ऊपर लुढ़काकर ले जाएगा, जो वहाँ से एक बार फिर तलहटी में पहुँच जाएगी, जिससे वह निरर्थक श्रम के अंतहीन चक्र में फँस गया। मेरे आस-पास का माहौल भी वैसा ही महसूस हो रहा था। मैं उसी तरह के संसार में रह रहा था।

लेकिन मैं जहाँ था, वहाँ मैं पढ़ सकता था और यह पढ़ना था, जिसने मेरे दिमाग़ की बत्ती जला दी। इससे मैंने वह छलाँग लगाई, जो मुझे इंद्रियों से दिखने वाले संसार से कल्पना के संसार में ले गई। इसकी बदौलत मुझे ऐसे विचार मिले, जिन्होंने मुझे प्रेरित किया। इसने मेरी सृजनात्मक प्रेरणा को पोषण दिया। मैं लिखता रहा और ख़ुद पर काम करता रहा, जब तक कि मेरा स्वप्न असली संसार में आकार नहीं लेने लगा। मैं बेघरबारी और ग़रीबी की सीमाओं के आगे देख सकता था और जानता था कि मुझमें वह माद्दा था, जो इस जगह से बाहर निकलकर मनचाही जगह तक पहुँचने के लिए ज़रूरी था।

क्या विश्वास वास्तविक है? निश्चित रूप से, यह आपके लिए कारगर रहा, लेकिन क्या मैं अपने जीवन में इसका इस्तेमाल कर सकता हूँ?

आप पहलेपहल शंका महसूस कर सकते हैं और यह स्वाभाविक है। विश्वास की शक्ति कोई ऐसी चीज़ नहीं है, जिसे नापा या "देखा" जा सके। आपका तार्किक मन और सोचने का वह तरीक़ा जिसे हमारे शैक्षणिक तंत्र ने प्रोत्साहित किया है, प्रमाण माँगता है, लेकिन आप अपने विश्वास को जो इकलौता प्रमाण दे सकते हैं, वह अंतिम परिणाम है। वहाँ पहुँचने की प्रक्रिया

के दौरान बहुत कम प्रमाण या ठोस परिणाम हो सकते हैं। मेरी ख़ुद की सफलता इस बात का ठोस प्रमाण है कि आप ग़रीबी से अमीरी तक वाक़ई पहुँच सकते हैं और ऐसी कई अन्य कहानियाँ हैं, जिन्हें आप इस पुस्तक में पढ़ेंगे। उनसे प्रेरणा लें। आप अपने बलबूते पर अपने लक्ष्य हासिल कर सकते हैं – बशर्ते आप विश्वास करें।

> *आस्था उसमें विश्वास करने में निहित होती है, जब यह विश्वास करने की तर्क की शक्ति के परे हो।*
>
> —वोल्तेयर

तर्कसंगत और विवेकपूर्ण सोच अकेले आपके विकल्पों को सीमित कर देगी, लेकिन ख़ुद में विश्वास ख़ुद के ज्ञान के साथ शुरू होता है। बेघर रहने के बावजूद मैं जानता था कि मैं संप्रेषण में बेहतरीन था और मुझमें जोश था – न सिर्फ़ लिखने के लिए, बल्कि अपने लेखन से लोगों की मदद करने के लिए भी। मैं जानता था कि मेरी योजनाओं से सकारात्मक और मददगार परिणाम मिलेंगे। अपनी ख़ुद की योग्यताओं और जोश का यह ज्ञान ही था, जिसने मुझे संचालित किया और विश्वास दिया। मैं जानता था कि अगर मैं लगन से जुटा रहा, तो मेरी प्रतिभाओं को अंततः पहचाना जाएगा।

> *आशावाद वह विश्वास है, जो उपलब्धि की ओर ले जाता है। आशा और विश्वास के बिना कुछ नहीं किया जा सकता।*
>
> —हेलेन केलर

हेलेन केलर का जन्म 1880 में अलबेमा में हुआ था। जब वे 19 महीने की थीं, तो वे एक ऐसे रोग का शिकार हुईं, जिसे आज कई लोग स्कार्लेट फ़ीवर या मेनिंजाइटिस मानते हैं। चाहे रोग जो भी हो, उसकी वजह से उनकी आँखों की रोशनी और सुनने की शक्ति चली गई। वह भी एक ऐसे युग में, जब बधिरों और दृष्टिहीनों को शिक्षित करने के साधन ज़्यादा अच्छी तरह जाने या समझे नहीं जाते थे।

सौभाग्य से, उनकी माँ ने बधिरों और दृष्टिहीनों को प्रशिक्षण देने की विधियों के बारे में पढ़ रखा था। हेलेन के माता-पिता ने इस बारे में कुछ

लोगों से संपर्क किया। आख़िरकार, वे एक प्रतिभाशाली युवा महिला से मिले, जिनका नाम एन सुलिवन था, जिनकी ख़ुद की आँखें क्षीण थीं। वे हेलेन के जीवन में आईं, पहले गवर्नेस के तौर पर और फिर साथी के रूप में। उनका यह संबंध 49 साल तक चला और इसके ज़रिये हेलेन ने सीखा कि संवाद कैसे किया जाए, एक प्रभावी लेखक कैसे बना जाए और राजनीतिक दृष्टि से सक्रिय कैसे हुआ जाए।

हेलेन की ज़िंदगी में इतनी सारी चुनौतियाँ थीं कि उनके पास ख़ुद में विश्वास करने के सिवा कोई दूसरा विकल्प नहीं था। उन्होंने अपने हाथ में स्पेलिंग लिखवाकर शब्द सीखे। बाद में उन्होंने ब्रेल सीखी और हाथों से होंठों की भाषा पढ़ना सीखा। उन्होंने यह भी सीख लिया कि कैसे बोलना है। उन्होंने इस बारे में जितना ज़्यादा सीखा कि ज़्यादा व्यापक संसार के साथ संवाद कैसे करें, ख़ुद में उनका विश्वास और ज्ञान उतना ही ज़्यादा शक्तिशाली हुआ और इसके बाद उनकी महत्त्वाकांक्षाओं की कोई सीमा नहीं थी। वे बी.ए. की डिग्री लेने वाली पहली बधिर और दृष्टिहीन महिला बनीं। उनकी शिक्षिका एन सुलिवन ने उन्हें जो सबसे बड़ा उपहार दिया था, वह संप्रेषण के ज़रिये संसार के द्वार खोलना था और उन्हें उनकी क्षमता का दर्शन कराना था। इसके बाद यह हेलेन पर था कि वे अपनी चुनौतियों के बावजूद संसार में सफल होने की अपनी योग्यता में विश्वास रखें।

यही महान शिक्षक की प्रतिभा होती है – विद्यार्थियों की क्षमता के बारे में उन्हें जाग्रत करने की योग्यता। स्वयं में विश्वास ख़ुद के तथा अपनी योग्यताओं के ज्ञान पर आधारित होता है। अक्सर कोई शिक्षक या दूसरा मार्गदर्शक ही होता है, जो इस तरह की आत्म-जागरूकता को चिंगारी दे सकता है या बढ़ावा दे सकता है। यह काम किसी बेहतरीन पुस्तक को पढ़ने या प्रेरक वक्ता को सुनने से भी हो सकता है। ख़ुद के और अपनी क्षमता के बारे में ज़्यादा जानकारी हासिल करने के तरीक़े तलाशें – अपनी जागरूकता में लगाया गया समय हमेशा सार्थक होता है।

आत्म-ज्ञान से उत्पन्न होने वाला विश्वास आपको शुरुआत से आगे ले जाएगा। यह आपको अनुमति देगा कि आप कोई अवसर देखें और कहें, *हाँ, मैं इसकी कोशिश कर सकता हूँ, बजाय इसके कि वे मुझे कभी नहीं लेंगे!* लेकिन मान लें, जहाँ आप काम करते हैं, उस कंपनी में एक पद ख़ाली

हो जाता है। यह कंपनी की सीढ़ी पर एक पायदान ऊपर का पद है। आप जानते हैं कि आपके पास आवश्यक अनुभव और योग्यता है, इसलिए आप आवेदन करते हैं और इंटरव्यू में जाते हैं, लेकिन फिर... आपको वह पद नहीं मिलता है। क्या आप इस निष्कर्ष पर पहुँचते हैं कि आपका विश्वास ग़लत था? आप शायद ऑफ़िस की राजनीति पर इसका दोष मढ़ते हैं या फिर अपने नियंत्रण से बाहर के कारणों पर? क्या आप ख़ुद से कहते हैं, *जब हर चीज़ मेरे ख़िलाफ़ है, तो दोबारा कोशिश करने की झंझट क्यों उठाना?*

यह डर बोल रहा है। जब असफलता दरवाज़ा खटखटाती है और सफलता बहुत दूर नज़र आती है, तभी ख़ुद में विश्वास सबसे महत्त्वपूर्ण बन जाता है। भविष्य के स्वप्न को थामे रखना और वहाँ पहुँचने की योग्यता में विश्वास रखना कई बार एकमात्र चीज़ होती है, जो आपको वहाँ तक ले जाएगी।

> *"ख़ुद में विश्वास और अनुशासन रखना तब आसान होता है, जब आप विजेता हों, जब आप नंबर वन हों। विश्वास और अनुशासन तो तब मायने रखता है, जब आप अभी तक विजेता न बन पाए हों।"*
>
> —विन्स लॉम्बार्डी

विन्स लॉम्बार्डी का फ़ोर्डहैम युनिवर्सिटी में विद्यार्थी खिलाड़ी के रूप में सफल करियर रहा। वे आक्रमण पंक्ति में बतौर राइट गार्ड खेलते थे, जिसे "सेवन ब्लॉक्स ऑफ़ ग्रेनाइट" कहा जाता था। इसके बाद 1937 में विन्स लॉम्बार्डी ने अपनी कॉलेज की पढ़ाई पूरी की, जो महामंदी का चरम उत्कर्ष था। किसी के लिए भी बहुत कम अवसर उपलब्ध थे। नतीजा यह हुआ कि वे कई नौकरियों में संघर्ष करते रहे। उन्होंने दोबारा कॉलेज जाने की भी कोशिश की, लेकिन तभी 1939 में उन्हें एक हाई स्कूल की फुटबॉल टीम में असिस्टेंट कोच की नौकरी मिल गई। उन्हें कुछ कक्षाओं को भी पढ़ाना था और इस नौकरी में 1,000 डॉलर प्रति वर्ष से कम तनख़्वाह मिलती थी, लेकिन यह किसी भी पेशेवर खेल के सबसे मशहूर करियरों में से एक की शुरुआत थी।

कोच के रूप में उनका रिकॉर्ड एक किंवदंती है, मगर दिलचस्प बात यह है कि उन्होंने अपने करियर की एनएफ़एल वाली पारी 1954 तक शुरू नहीं की थी। यानी कोचिंग शुरू करने के 15 साल बाद तक। वे अपने खिलाड़ियों पर कठोर रहते थे, लेकिन उन्होंने ऐसे परिणाम दिए, जिन्होंने उन्हें हॉल ऑफ़ फ़ेम में पहुँचा दिया और उनका नाम सुपर बाउल ट्रॉफ़ी पर आ गया। उनके पूरे एनएफ़एल करियर में एक भी सीज़न ऐसा नहीं रहा, जब वे पराजित हुए हों, हालाँकि इस दौरान वे न्यू यॉर्क जाएंट्स से ग्रीन बे पैकर्स और आख़िरकार वाशिंगटन रेडस्किन्स में गए और यह 1969 तक चला। ख़ुद में उनका विश्वास इतना ज़्यादा था कि यह संक्रामक था। वे अपने आस-पास के लोगों और खिलाड़ियों को उतना सफल होने के लिए प्रेरित करते थे, जितना वे कर सकते थे। उनकी जीवन गाथा पर एक सफल ब्रॉडवे शो भी बना।

सतत परिणाम सतत विश्वास का प्रमाण हैं...

ग़ौर करें कि कोच लॉम्बार्डी के उद्धृत शब्द यहाँ ख़त्म होते हैं... *जब आप अभी तक विजेता **न बन** पाए हों*। उन्होंने यह नहीं कहा, जो ज़्यादा तार्किक लग सकता है - *जब आप विजेता* **न** *हों*, सिर्फ़ इस कारण क्योंकि उन्होंने उस विचार को कभी अपने मन में आने ही नहीं दिया। उन्होंने कोई वैकल्पिक योजना नहीं बनाई कि अगर लंबे समय में वे विजेता के रूप में न उभर पाएँगे, तो क्या करेंगे। असफलता उनकी योजनाओं या उनके सपने के किसी हिस्से में शामिल नहीं थी - और यह उन्हें कभी मिली भी नहीं। अपनी योग्यताओं और अथक परिश्रम से विकसित कोचिंग तंत्र में अटल विश्वास के कारण यह एक ख़ुद पूरी होने वाली भविष्यवाणी बन गई और एनएफ़एल में बाक़ी लोगों की ईर्ष्या का सबब बन गई। विश्वास होने का यही मतलब है : आपके कार्य आपके विचारों का अनुसरण एक ऐसे लक्ष्य की ओर करते हैं, जो अवश्यंभावी बन जाता है।

इसका निश्चित रूप से यह अर्थ कदापि नहीं है कि आप सावधानी छोड़ देते हैं और जो भी सनक उस पल आप पर हावी होती है, उसे "विश्वास" का नाम देते हुए उस दिशा में चले जाते हैं। यह कोई जादुई शब्द नहीं है, जिससे चीज़ें आपके पक्ष में हो जाएँगी। दरअसल, सच्चा विश्वास

और जोश ही आपको सकारात्मक कर्म की ओर ले जाता है।

> *कर्म के बिना विश्वास बिना पंख वाली चिड़िया की तरह है; हालाँकि यह धरती पर अपने साथियों के साथ फुदक सकती है, लेकिन यह उनके साथ कभी आसमान तक नहीं उड़ पाएगी।*
>
> **—फ्रांसिस ब्यूमॉन्ट**

मैं बारंबार इस बात पर ज़ोर दूँगा कि विश्वास के बाद कर्म करना ज़रूरी होता है। आप जो कर्म करते हैं, वह निरंतर होना चाहिए, यानी सभी कार्य आपके लक्ष्यों की ओर केंद्रित होने चाहिए। विन्स लॉम्बार्डी की तरह बनें और असफलता को अपने समीकरण या योजना में आने ही न दें। निश्चित रूप से, राह में झटके लग सकते हैं और आप हर मोड़ पर ज़बर्दस्त सफलता की उम्मीद नहीं कर सकते। लेकिन जब आपको विश्वास होता है, तो आपके पास अपनी पद्धतियों को आज़माते रहने और नवाचार करने का स्टैमिना भी होगा, जब तक कि आप विजेता फ़ॉर्मूला नहीं खोज लेते।

> *विश्वास के बिना इंसान कुछ नहीं कर सकता; इसके साथ सारी चीज़ें संभव हैं।*
>
> **—सर विलियम ऑसलर**

स्वयं में विश्वास का मतलब है कि हमेशा उम्मीद है...

मेरे लिए, विश्वास वह धारणा है, जो कहती है कि आशा है। कोई सकारात्मक परिणाम उपलब्ध है। यह कहती है कि मैं सुरक्षित हूँ। मेरी परवाह की जा रही है।

ख़ुद में विश्वास का यह मतलब भी है कि आप अपने सबसे अच्छे मित्र हैं। आप ख़ुद पर भरोसा कर सकते हैं और आपमें इससे उत्पन्न होने वाला आत्मविश्वास होता है। कई बार आप ख़ुद को किसी ऐसी स्थिति में पा सकते हैं, जहाँ आत्म-ज्ञान और योग्यता कोई भूमिका नहीं निभाते और आशा व आत्मविश्वास ही होते हैं, जिनके सहारे आपको सबसे मुश्किल

समय में ख़ुद को खींचना होता है।

विश्वास का संबंध उन चीज़ों से है, जो दिखती नहीं हैं और आशा का उन चीज़ों से, जो आस-पास नहीं होती हैं।

—टॉमस एक्विनास

सैन डिएगो, कैलिफ़ोर्निया की जोलीन मेरी पाठक हैं और उन्होंने मुझे "तीन डॉक्टरों और एक चमत्कार" नामक कहानी भेजी है।

"मैं आपको अपना नवीनतम चमत्कार बताने वाली हूँ...

मैं प्रि-स्कूल के बच्चों की सॉकर कोच हूँ। एक सोमवार जब मैं स्कूल में थी, तो राइले नाम का एक छोटा लड़का अपने डैडी के साथ क्लास को आज़मा रहा था।

राइले को क्लास में मज़ा आया!

बाद में उसके डैडी मुझसे बात करने आए। उन्होंने बताया कि वे एक प्लास्टिक सर्जन हैं और वे उस घाव के बारे में बहुत चिंतित थे, जो उन्हें मेरे निचले होंठ पर दिखा था। यह लगभग आठ मि.मी. का था (एक इंच का लगभग एक तिहाई) और मैंने इसे मोटे तौर पर नज़रअंदाज़ कर दिया था, क्योंकि मैं यह मानकर चल रही थी कि यह एक छाला या ऐसी ही कोई चीज़ थी। उन्होंने मुझे बताया कि उन्हें शक था कि यह कैंसर है। उन्होंने सुझाव दिया कि मैं तुरंत इलाज कराऊँ। जैसी आप कल्पना कर सकते हैं, मैं तुरंत चिंता में पड़ गई। मैंने उन्हें बताया कि मेरा चिकित्सा बीमा नहीं है, लेकिन इसके बावजूद मैं इसके इलाज की पूरी कोशिश करूँगी।

मैं स्कूल से निकलते ही एक स्थानीय क्लीनिक में गई, जो बंद मिला। फिर मैं नज़दीक के एक अस्पताल गई, जहाँ दो घंटे इंतज़ार करने के बाद आपातकालीन कक्ष में अपना घाव दिखाया। आपातकालीन कक्ष के डॉक्टर ने कहा... 'मैं इस घाव के बारे में बहुत चिंतित हूँ, लेकिन हम आपके लिए कुछ नहीं कर सकते। आपको किसी प्लास्टिक सर्जन को तुरंत दिखाना चाहिए।'

इस समस्या के साथ सोने के बाद जब मैं जागी, तो मेरे मन में प्रेरणा आई कि मैं परोपकारी प्लास्टिक सर्जनों की खोज करूँ। मुझे लाज़ोला, कैलिफ़ोर्निया में एक परोपकारी प्लास्टिक सर्जन मिल गया। मैंने फ़ोन करके

पूछा कि क्या डॉक्टर मुझसे संपर्क करेंगे। जब उनकी असिस्टेंट ने जवाबी फ़ोन किया, तो मैंने उसे अपनी स्थिति बताई। उसने मुझे कारणों की सूची गिना दी कि डॉक्टर यह या वह ऑपरेशन नहीं करेंगे। उसकी बात सुनकर यह नहीं लग रहा था कि डॉक्टर मुझे देखेंगे भी, मदद करने की बात तो छोड़ ही दें। मैं इस तथ्य से समझौता करने वाली थी कि यह एक और बंद गली थी। बहरहाल, मैंने उसे धन्यवाद देते हुए पूछा कि क्या वह सुझाव दे सकती है कि मैं अगली कोशिश कहाँ कर सकती हूँ, क्योंकि मुझे स्पष्ट रूप से अपनी जाँच करानी है और निदान कराना है।

तभी अचानक वह बोली, 'क्या आप गुरुवार को डेढ़ बजे आ सकती हैं?'

मैंने कहा, 'बिलकुल।'

डॉक्टर ने निर्धारित समय पर मुझे फ़ीस लिए बिना देखा। वे परामर्श के लिए एक दूसरे चिकित्सक को भी लाए। विचार-विमर्श के बाद उन्होंने मुझे सलाह दी कि उन्हें मेरे निचले होंठ का एक चौथाई हिस्सा हटाना होगा। फिर उन्होंने मुझे बताया कि इस ऑपरेशन का ख़र्च मुझे 250 डॉलर पड़ेगा। मुझे यक़ीन था कि इसकी लागत इससे कम से कम 10 गुना ज़्यादा होगी। मैं क्लीनिक से बार-बार यह कहती हुई निकली, 'मैं चमत्कारों में विश्वास करती हूँ।'

मैंने अपनी बॉस को बता दिया कि ऑपरेशन के लिए मुझे छुट्टी चाहिए। बाद में मेरी बॉस और उनके पति ने मुझे ई-मेल भेजा कि ऑपरेशन का 250 डॉलर का ख़र्च वे उठा लेंगे।

मैं इस बात पर हैरान थी कि यह सब कितनी अच्छी तरह हो गया – और बहुत जल्दी भी! संयोगवश पता चलने के बाद एक परोपकारी डॉक्टर मिल गया और एक सस्ता ऑपरेशन संभव हो गया और उसके ख़र्च का भी इंतज़ाम हो गया। मैं डर रही थी, लेकिन इससे उबरने के लिए आशा व संकल्प से भरी भी थी।

स्वाभाविक रूप से अब भी कुछ ख़तरा था; मुझे लंबे और गहन चिकित्सा उपचार झेलना पड़ सकते थे, इसलिए मैं जानती थी कि मेरी मुश्किलें अभी ख़त्म नहीं हुई हैं। लेकिन मैं चमत्कारों में विश्वास करती हूँ! और यह सच साबित हुआ।

ऑपरेशन बहुत सफल रहा और किसी को पता भी नहीं चल सकता था कि मेरे निचले होंठ का एक चौथाई हिस्सा हटा दिया गया था। वह घाव सचमुच कैंसरयुक्त था और वास्तव में यह उसी तरह का कैंसर था, जिसने एक साल पहले मेरी बहन की जान ली थी।

पैथोलॉजी की रिपोर्ट के अनुसार यह पूरी तरह हट गया था!

क्या आपने सुना? पूरी तरह!

मैं डॉ. जो विटाले की सिखाई बातों के लिए बहुत कृतज्ञ हूँ। मैं इस सत्य की भी बहुत कृतज्ञ हूँ कि प्रेम ही मेरे संसार में सबसे महत्त्वपूर्ण विचार, कार्य और विश्वास है। मैं अब भी आश्चर्यचकित हूँ कि एक संयोगवश हुई मुलाक़ात से एक गंभीर समस्या का सफल उपचार कैसे हो गया, जिसका मुझे पता भी नहीं था।"

अपने भविष्य में जोलीन का विश्वास ही था, जिसकी बदौलत उन्होंने "संयोगवश" मिली जानकारी पर तुरंत काम किया। वे जुटी रहीं और क़िस्मत ने उनकी तरफ़ मदद का हाथ बढ़ाया। यह उन्हें ऐसे लोगों के संपर्क में लाई, जो मदद कर सकते थे। जैसा बाद में पता चला, उन्होंने समय रहते यह काम कर लिया और संभावित रूप से बहुत डरावनी समस्या का सफल समाधान कर लिया।

हो सकता है कि यह तार्किक न लगे और हो सकता है कि आपके ख़िलाफ़ बहुत कुछ हो, लेकिन इसके बावजूद विश्वास असंतोषजनक वर्तमान से बेहतर कल की ओर जाने वाला पुल है।

> *"विश्वास की कमी जैसी कोई चीज़ नहीं होती। हम सभी में बहुत सारा विश्वास होता है, बात बस इतनी है कि हमारा ग़लत चीज़ों में विश्वास होता है। हमारा विश्वास इसमें होता है कि क्या नहीं किया जा सकता, बजाय इसके कि क्या किया जा सकता है। हमारा विश्वास समृद्धि के बजाय अभाव में होता है, लेकिन विश्वास की कमी नहीं होती है। विश्वास एक नियम है।"*

—एरिक बटरवर्थ

विश्वास एक मान्यता है, जिसे हम चुनते हैं। हमारी आँखें जो देख सकती हैं और हमारे कान जो सुन सकते हैं, यह उससे काफ़ी दूर जा सकता है, लेकिन यह सबसे तार्किक चयन है। विकल्प क्या है? डर।

विश्वास डर की अवस्था में जीने का विपरीत है - और डर भी एक विश्वास है!

उसके नीचे विकल्प है। हमें चुनाव करने का मौक़ा मिलता है।

ख़ुद में विश्वास सबसे अच्छा और सबसे सुरक्षित रास्ता है।

—माइकल एंजेलो

इसे इस तरह देखें...

क्या यह चुनने में ज़्यादा समझदारी नहीं है कि चीज़ें अच्छी तरह होंगी? प्रगति न करने या दुख व आत्म-दया में गोते खाने के बजाय विश्वास आपके दिमाग़ को संभावनाओं के प्रति खुला रखेगा, हर स्थिति की संभावना के प्रति खुला रखेगा और आपके कार्यों को आगे बढ़ने पर केंद्रित रखेगा। निश्चित रूप से, जोलीन के पास डरने के एक से ज़्यादा अच्छे कारण थे, लेकिन उन्होंने त्वरित और सकारात्मक कर्म करने के लिए अपने विश्वास का मार्गदर्शन लिया। इस तरह उन्होंने ज़रूरत के समय उस सहायता को अपने पास पहुँचने दिया, जो वहाँ मौजूद थी।

अगर कोई चीज़ डरावनी है, तो आप उससे पीछे हटते हैं। आप पीछे हटकर वहीं दुबक जाते हैं, जिसे आप जानते हैं और आप वहीं रहते हैं।

भले ही स्थिति साफ़-साफ़ नकारात्मक दिख रही हो, लेकिन फिर भी हम प्रायः जानी-पहचानी स्थिति को ही पसंद करते हैं। एक बहुत दिलचस्प बात देखने में आती है। जो क़ैदी काफ़ी लंबे समय से जेल में रहते हैं, जब उन्हें पैरोल पर छोड़ा जाता है, तो वे दोबारा छुटपुट अपराध कर देते हैं और एक बार फिर उसी जेल तंत्र में पहुँच जाते हैं, जहाँ से वे कुछ समय पहले निकले थे। हुआ यह था कि उन्हें बाहरी संसार और इसके सारे चुनाव व परिवर्तन बहुत ही भयावह नज़र आते हैं। इसके बजाय वे यह बताए जाने की सुरक्षा को ज़्यादा पसंद करते हैं कि क्या करना है। वे उस माहौल

में आरामदेह हो चुके हैं, जिसे वे जानते हैं। यह एक अतिवादी उदाहरण है, लेकिन कमोबेश यही होता है, जब किसी मनचाहे भविष्य की दिशा में काम करने के लिए लोगों को ख़ुद में या अपनी ख़ुद की योग्यताओं में कोई विश्वास नहीं होता है। अंत में वे कमोबेश अपना पूरा जीवन किसी संस्था के हवाले कर देना चाहते हैं, सिर्फ़ इसलिए क्योंकि यह ज़्यादा सुरक्षित लगता है।

यह एक अतिवादी उदाहरण है, लेकिन यह सच भी है। यह काफ़ी नियमित रूप से होता है, यह हमें मानव स्वभाव के बारे में बहुत कुछ बताता है। जब हम संसार से डरे होते हैं, तो हम अपनी स्वतंत्र इच्छा को पूरी तरह छोड़ने और किसी दूसरे को प्रभारी बनाने के लिए भी तैयार या इच्छुक हो जाते हैं।

यह इसका बहुत चित्रात्मक चित्रण है कि डर किस ओर ले जाता है – एक या दूसरी तरह से क़ैद की ज़िंदगी – जिसमें कोई दूसरा व्यक्ति या वस्तु प्रभारी है, क्योंकि आप इतने डरे हुए हैं कि ख़ुद के दम पर कोशिश नहीं कर सकते।

आप क्या देखते हैं ?

आप कैसे काम करेंगे, यह इस बात पर निर्भर होगा कि आप क्या देख सकते हैं। आप जो देख सकते हैं, वह आपकी मानसिकता पर आधारित होता है। विश्वास को शुरू से ही वहाँ रहना होता है, क्योंकि तब वहाँ कोई दूसरी चीज़ नहीं होती है।

यदि डर है, तो आप समस्याओं और परेशानियों को देखेंगे। यदि विश्वास है, तो आप अवसरों को देखेंगे।

क्या आपके मन में विश्वास है? या फिर आपके मन में डर है?

मन में विश्वास होगा, तो आपमें शुरुआत करने और फिर जुटे रहने की शक्ति होगी, चाहे जो हो जाए।

मन में डर होगा, तो आपको छिपे दरवाज़े दिखेंगे ओर अलमारी में राक्षस दिखेंगे। आप बिस्तर पर ही रहना चाहेंगे और मुँह ढँककर लेटे रहेंगे।

कर्म विश्वास का प्रमाण है।

50 • विश्वास की ताक़त

ख़ुद में विश्वास आपके लक्ष्यों की दिशा में निर्माण की शुरुआत है, क्योंकि प्रेम की तरह ही आप दूसरों या किसी चीज़ में विश्वास तब तक नहीं कर सकते, जब तक कि आप ख़ुद में विश्वास की ठोस नींव के साथ शुरुआत न करें।

3

दूसरों में विश्वास रखें

मैं हमेशा हर व्यक्ति के सर्वश्रेष्ठ में यक़ीन करना पसंद करता हूँ – इससे बहुत सारी मुश्किल बच जाती है।

—रडयार्ड किपलिंग

किसी न किसी समय, और किसी न किसी कारण, आपको किसी दूसरे व्यक्ति पर निर्भर रहना होगा – और इसका अर्थ है आपको किसी दूसरे इंसान पर विश्वास करना होगा। यह सरल लगता है, लेकिन यह काफ़ी मुश्किल भी बन सकता है। आपके पुराने अनुभवों ने आपको चाहे जो सिखाया हो, आपको अपने साथी इंसानों में आस्था और विश्वास रखना होगा। यह अवधारणा संबंधों के काफ़ी व्यापक समूह को स्पर्श करती है, जो हमारे रोज़मर्रा के जीवन में सामने आते हैं – परिवार वालों और मित्रों की सद्भावना पर विश्वास करना, अपने नियोक्ताओं की ईमानदारी पर विश्वास करना, उस वेटर पर विश्वास करना, जो रेस्तराँ में भोजन की प्लेट आपके सामने रखता है।

सरल भाषा में, अगर आपको दूसरे लोगों पर विश्वास नहीं है, तो इससे संसार में सुरक्षित जीवन गुज़ारने की आपकी क़ाबिलियत कमज़ोर हो जाएगी और आपका जीवन बहुत मुश्किल बन जाएगा। यह आपके विकल्पों को सीमित कर देगा। यही नहीं, यह आपके अतीत से मेल न खाने वाला भविष्य देखने की आपकी योग्यता को भी सीमित कर देगा। बहरहाल, अगर आप दूसरों पर भरोसा करते हैं, तो इससे आपका पेशेवर और निजी जीवन ज़्यादा समृद्ध बन सकता है। आप अपने दम पर अकेले जितना हासिल कर सकते हैं, दूसरों पर भरोसा करके उससे काफ़ी ज़्यादा हासिल कर सकते हैं।

हमें मिलकर काम करने के लिए बनाया गया है और मिलकर काम करने का मतलब है एक दूसरे पर विश्वास करने में सक्षम होना।

दूसरों पर विश्वास। यहीं यह डरावना हो जाता है। इसमें ज्ञात से अज्ञात में छलाँग लगाना शामिल होता है। इसमें किसी दूसरे पर यह भरोसा करना भी शामिल है कि वह आधी दूरी पर आकर मिलेगा - सर्कस के उस कलाकार की तरह जो झूला छोड़ देता है और यह विश्वास करता है कि उसका साथी उसे पकड़ने के लिए सही समय पर सही जगह रहेगा। एक सेकेंड ज़्यादा जल्दी हुआ, तो पकड़ असंतुलित हो जाती है। एक सेकेंड ज़्यादा देर से हुआ, तो सर्कस का दुर्भाग्यशाली कलाकार गुरुत्त्वाकर्षण का शिकार हो जाता है और धरती पर धड़ाम गिर पड़ता है। यह जीवन में लोगों के साथ आपके संबंधों का एक चित्रात्मक लेकिन सटीक वर्णन है; ज़ाहिर है, अंश अलग-अलग हैं। पूरी चीज़ में विश्वास और बहुत सारे मुद्दे शामिल हैं, जिनके साथ हममें से इतने सारे लोगों को समस्या आती है।

आपको महसूस हो सकता है कि आपके पास दूसरों पर अविश्वास करने के बहुत अच्छे कारण मौजूद हैं। आपके पास इस बात का "पुख़्ता प्रमाण" हो सकता है कि दूसरे लोगों पर भरोसा नहीं किया जा सकता। हो सकता है कि परिवार के सदस्यों ने तब समर्थन या सहायता न दी हो, जब आपको इसकी सबसे ज़्यादा ज़रूरत थी। हो सकता है कि जब आपकी नौकरी चली गई और क़िस्मत ख़राब हुई, तो दोस्त ग़ायब हो गए हों। किसी सरकारी ऑफ़िस में आपके काग़ज़ खो गए हों या यहाँ तक कि जब ड्राई क्लीनर वाले ने आपका प्रिय ब्लाउज़ वापस किया, तो इसके दो बटन ग़ायब थे।

सिर्फ़ हमारा व्यक्तिगत अनुभव ही इस अहसास को हवा नहीं देता कि किसी पर भरोसा नहीं किया जा सकता। हमारी लोकप्रिय संस्कृति भी उन्हीं लोगों की सराहना करती नज़र आती है, जो एक दूसरे को सबसे ज़्यादा धोखा देते हैं और पीठ में छुरा भोंकते हैं। रिएलिटी शो से लेकर रात की न्यूज़ तक, चकाचौंध में वही लोग और व्यवहार रहते हैं,, जो न सिर्फ़ व्यक्ति को सबसे पहले रखते हैं - स्वस्थ आत्म-रुचि में कुछ भी ग़लत नहीं है - बल्कि बाक़ी सबसे ऊपर और सबकी क़ीमत पर रखते हैं। अगर यह एक दूसरे को धोखा देने वाला संसार है, तो एक दूसरे पर विश्वास कैसे संभव है?

ऐसा लगता है कि कई बार आप बस किसी पर भरोसा नहीं कर सकते - चाहे मामला कोई भी हो। जब ऐसा लगता है कि संसार का हर व्यक्ति आपको निराश कर चुका है, तो ऐसे समय विपरीत दिशा में जाना बहुत लुभावना लग सकता है। तब किसी पर भी विश्वास न करना लुभावना लग सकता है। यह "ज़्यादा आसान" भी लग सकता है - अगर आप कोशिश ही नहीं करते हैं, तो आप कभी किसी से निराश भी नहीं होंगे, ठीक है?

अगर आप सोचने के इस तरीक़े को अति तक ले जाएँ, तो अंततः ऐसी नौबत आ सकती है कि आप किसी पर्वत शिखर पर एक झोंपड़ी बनाकर अकेले रहने लगें... भोजन-पानी से लेकर सिर की छत तक हर चीज़ के लिए सिर्फ़ अपने ख़ुद के संसाधनों पर निर्भर रहें। निश्चित रूप से, किसी ख़ास प्रकार के व्यक्तित्त्व को (जो सतत शारीरिक चुनौतियों को पसंद करता हो) इस तरह की पूर्ण आत्मनिर्भर जीवनशैली आकर्षक लग सकती है। लेकिन हममें से ज़्यादातर लोगों के मामले में सच्चाई यह है कि अकेले अपने दम पर बिताया गया जीवन... एकाकी और संतुष्टिरहित नज़र आता है। हर दिन बचे रहने के बुनियादी संघर्ष से भरा होगा और व्यक्तिगत विकास, सृजनात्मक लक्ष्य और यहाँ तक कि आनंद लेने जैसी महत्त्वपूर्ण चीज़ें भी सूची में इतनी नीचे आ जाएँगी कि आपको उनके बारे में काफ़ी हद तक भूलना होगा।

चाहे आप कितनी ही बुरी तरह सोचें कि आपको निराश किया गया है, आपको लोगों पर विश्वास करने में सक्षम होना चाहिए। उनके बिना जीवन पार करना बहुत मुश्किल होता है। वैसे भी सच्चाई यह है कि संसार अच्छे लोगों से भरा है, जो लक्ष्य पाने में आपकी मदद कर सकते हैं और आपके जीवन को समृद्ध कर सकते हैं।

इसका विपरीत उदाहरण खोजने के लिए आपको जंगल में किसी साधु को देखने की ज़रूरत नहीं है। मुझे यक़ीन है कि हम सभी किसी व्यक्ति को या शायद कई व्यक्तियों को जानते होंगे, जिनका जीवन बाक़ी सबसे कटा हुआ है और नितांत एकाकी है, जिनके बहुत कम मित्र या सामाजिक संपर्क हैं। वे नौकरी करने और इसके बाद घर में सिमटकर बैठने के संसार में दुबके रहते हैं। वे इलेक्ट्रॉनिक्स और मनोरंजन के आधुनिक संसार में डिब्बाबंद रहते हैं। यह करना आसान है! आजकल सबसे भीड़ भरे शहरों में

भी तुलनात्मक रूप से एकाकी जीवन जीना आसान है, और ऐसे कई लोग हैं, जिन्होंने ख़ुद को संसार से कमोबेश काट रखा है।

इस तरह का जीवन डर का परिणाम है, एक ऐसा डर जो दूसरों में विश्वास की कमी से आता है। विश्वास के बिना आप बाक़ी मानवता से ख़ुद को अलग कर लेते हैं। चोट पहुँचने या निराश होने के डर की वजह से आप जुड़ने की कोशिश छोड़ देते हैं।

इसका क्या मतलब है?

दूसरों पर विश्वास करने की अक्षमता के ऐसे परिणाम होते हैं, जो आपके जीवन के हर पहलू में दूर तक जाते हैं – व्यक्तिगत से लेकर पेशेवर क्षेत्रों में – छोटी, रोज़मर्रा की चीज़ों में भी, जो लगभग हर व्यक्ति के जीवन में होती हैं। इससे वर्तमान मुश्किल बन जाता है और भविष्य बुरी तरह सीमित हो जाता है।

"आपको दूसरों पर विश्वास करना चाहिए," यह कहना एक बात है। इसे सचमुच अभ्यास में उतारना बिलकुल ही अलग बात है। निश्चित रूप से विश्वास करने की बात ख़ुद को बताकर शुरू करना पहला क़दम है, जो अनिवार्य है। लेकिन आपको संसार में विकास करने और समृद्ध होने के लिए जो विश्वास और आस्था चाहिए, उसे सचमुच महसूस करने के लिए इससे ज़्यादा की ज़रूरत होगी।

आप कैसे शुरू करें?

> जिस व्यक्ति को ख़ुद पर विश्वास होता है, वही दूसरों के प्रति वफ़ादार बन सकता है।
>
> —एरिक फ्रॉम

सबसे पहले, आपको ख़ुद में विश्वास करना होता है – ख़ुद में और अपनी योग्यताओं में इस शुरुआती विश्वास से आपको वह नींव, वह आधारशिला मिलती है, जिससे आप विश्वास की शक्ति अपने पूरे संसार में फैला सकते हैं। यह वही चीज़ है, जो लोग प्रेम के बारे में कहते हैं : अगर आप ख़ुद से प्रेम नहीं करते हैं, तो आप दूसरों से प्रेम नहीं कर सकते। ख़ुद में और अपनी दिशा में दृढ़ विश्वास के बिना आप यह भावना किसी

व्यक्ति या किसी दूसरी चीज़ तक नहीं फैला पाएँगे।

लोग आपको निराश कर सकते हैं, लेकिन...

आप दूसरे लोगों को नहीं बदल सकते, लेकिन आप अपने दृष्टिकोण को बदल सकते और आप इसे बदल सकते हैं कि आप कैसी प्रतिक्रिया करते हैं। आप किसी नकारात्मक अनुभव से सीखकर इसे सकारात्मक अनुभव में बदल सकते हैं – या फिर आप निराशा और डर को हावी होने दे सकते हैं, जब तक कि आप बाक़ी संसार का दरवाज़ा बंद न कर दें।

आप पाएँगे कि यह एक ऐसी भावना है, जो बढ़ती जाती है। जब आप ख़ुद में विश्वास करने का दृष्टिकोण रखते हैं और इस तरह काम करते हैं, जिससे दूसरों का विश्वास प्रेरित हो जाए, तो आप उसी ऊर्जा वाले लोगों को अपने जीवन और अपने उद्देश्य के प्रति आकर्षित करेंगे।

महानतम चीज़ होती है, जब किसी का आपमें विश्वास होता है...

मेरा बेहद सौभाग्य रहा है कि मेरे करियर के विभिन्न बिंदुओं पर दूसरों ने मुझमें विश्वास रखा और मुझे लाभान्वित किया। मेरे पहले प्रकाशक ने मेरे पहले लेख को प्रकाशित करते वक़्त उसमें अपना विश्वास दिखाया और मैं आपको बता सकता हूँ कि सफलता का पहला स्वाद बरसों से रेगिस्तान में भटकने के बाद मेरी जीभ पर ठंडे पानी की फुहार जैसा था। संघर्ष और मुश्किल जीवन के वर्ष लगभग तुरंत ही धुँधले होने लगे और मैं पूरी तरह से उस ज़्यादा उज्ज्वल भविष्य पर ध्यान केंद्रित करने लगा, जिसे मैं अपने सामने देख सकता था।

यही दूसरों पर विश्वास करने की सुंदरता है। इससे न केवल आपका ख़ुद का जीवन समृद्ध बनता है, बल्कि यह एक उपहार भी है, जो आप सामने वाले व्यक्ति को दे रहे हैं – एक ऐसा उपहार, जो उसे सचमुच गहन तरीक़े से प्रेरित कर सकता है।

दूसरों पर किया गया विश्वास पलटकर आपकी ओर वापस आता है – आप जो जीते हैं, उसे आकर्षित करेंगे। नीचे दी कहानी उजागर करती

है कि लंबे समय तक सपना देखने के बाद किस तरह मेरा सपना सच हुआ। उम्मीद है कि इससे आप अपने सपनों का पीछा करने के लिए प्रेरित होंगे।

नाइटिंगेल-कॉनैन्ट व्यक्तिगत विकास सामग्री के संसार में दिग्गज हस्ती है। वे लगभग एक सदी से अपने ऑडियो टेप के ज़बर्दस्त कैटेलॉग के लिए मशहूर हैं, जो व्यवसाय, प्रेरणा, सेल्फ़-हेल्प, संबंध, स्वास्थ्य और आध्यात्मिकता आदि विषयों पर हैं।

जब से मैंने लेखक बनने का निर्णय लिया, जब से मैं उन संदेशों व तकनीकों को फैलाने के लिए समर्पित हुआ, जो बेहतर और ज़्यादा संतुष्टिदायक जीवन जीने में लोगों की मदद करें, तो मैं नाइटिंगेल-कॉनैन्ट के बारे में जागरूक हुआ और मैं चाहने लगा कि लगभग 1990 से मेरे प्रेरणादायक टेप उनके कैटेलॉग में शामिल हों। मेरे मन में यह आकर्षण था कि इतने सम्मानित प्रकाशक के कैटेलॉग का हिस्सा बनने से मेरी छवि बेहतर हो जाएगी। इसके अलावा, मैं उनके स्थापित ग्राहकों से होने वाले संभावित लाभों के बारे में भी सोच रहा था।

निश्चित रूप से मैं उन गुणी लेखकों की सूची में शामिल होना चाहता था, जिनमें टोनी रॉबिन्स, टॉम पीटर्स, दीपक चोपड़ा, ब्रायन ट्रेसी और वाइन डायर जैसे दिग्गज शामिल थे। लेकिन लगभग एक दशक तक मेरी यह हसरत सिर्फ़ हसरत ही बनी रही।

ऐसा नहीं है कि मैंने कोशिश नहीं की! अपनी पुस्तकें प्रकाशित होते ही मैं उन्हें नाइटिंगेल-कॉनैन्ट के पास भेज देता था, लेकिन इस तथ्य के बावजूद मैं अपने काम में उनकी रुचि जाग्रत करा ही नहीं पा रहा था। मुझे मशीनी पत्र मिलते थे और कई बार तो कोई प्रतिक्रिया ही नहीं मिलती थी, लेकिन मैंने हार नहीं मानी। वास्तव में, बरसों तक उस सपने को सँजोए रखने की वजह से मेरी इच्छा और भी ज़्यादा प्रबल हो गई। मुझे विश्वास था कि किसी तरह, किसी समय भविष्य में परिस्थितियाँ मेरे अनुकूल हो जाएँगी, इसलिए मैं बस लिखता रहा और अपने जोश पर काम करता रहा : ऐसी पुस्तकें लिखता रहा, जो मेरे हिसाब से प्रेरक और ज्ञानवर्धक हों और सचमुच मेरे पाठकों की मदद करें।

जब मुझे सबसे कम उम्मीद थी, तभी सबसे आश्चर्यजनक घटना हुई।

एक दिन मुझे एक ख़ास व्यक्ति के ई-मेल मिलने लगे। उसने मेरी

कुछ पुस्तकें और टेप ख़रीदे थे। वह उनके बारे में बहुत से सवाल पूछ रहा था, आम तौर पर मार्केटिंग के बारे में और ख़ास तौर पर पी.टी. बार्नम के बारे में। वह बार्नम का प्रशंसक था और मेरी पुस्तक *"देअर इज़ अ कस्टमर बॉर्न एवरी मिनट"* उसे बहुत पसंद आई थी, जो वह पढ़ रहा था। ज़ाहिर है, शीर्षक बार्नम के ही एक मशहूर उद्धरण से लिया गया था। जब लोग मेरे काम में इतनी रुचि लें और इतने प्रेरित हों कि वे मुझसे संपर्क करें, तो मुझे बहुत अच्छा लगता है, इसलिए मैंने उसके सारे प्रश्नों का जवाब ख़ुशी-ख़ुशी दिया।

फिर एक दिन अचानक उस व्यक्ति ने मुझे एक और ई-मेल भेजा, जिसमें लिखा था, "अगर आप कभी चाहें कि आपकी सामग्री पर नाइटिंगेल-कॉनैन्ट द्वारा विचार किया जाए, तो मुझे ज़रूर बताएँ। मैं उनका मार्केटिंग प्रोजेक्ट मैनेजर हूँ।"

मुझे ज़रा भी पता नहीं था कि मेरा पत्राचार किससे चल रहा था! जैसी आप कल्पना कर सकते हैं, मैं बहुत हैरान भी था और बेहद आनंदित भी था। पल भर भी समय बर्बाद किए बिना मैंने उसे अपनी सारी पुस्तकें, वीडियो और होम स्टडी कोर्स भेज दिया (जिसमें छह ऑडियो टेप और एक वर्कबुक शामिल थी)। नाइटिंगेल-कॉनैन्ट के मेरे नए मित्र को मेरी भेजी हर चीज़ पसंद आई। वैसे वह कंपनी में अंतिम बाधा नहीं था, जिसे मुझे पार करना था। उसने तुरंत अपनी कंपनी की बाक़ी टीम को मेरे काम पर राज़ी करना शुरू कर दिया, लेकिन यह थोड़ी लंबी प्रक्रिया थी। फ़ोन कॉल, फ़ैक्स, ई-मेल और फ़ेडरल एक्सप्रेस के कई पैकेजों का लगभग एक पूरा साल लग गया, तब कहीं जाकर 1999 में नाइटिंगेल-कॉनैन्ट ने मेरा पहला प्रॉडक्ट "द पॉवर ऑफ़ आउटरेजियस मार्केटिंग" आख़िरकार बाज़ार में उतारा। मुझे अवसर मिल गया था, लेकिन मैं जानता था कि मुझे एक ऐसा पैकेज बनाना चाहिए, जो सचमुच अविश्वसनीय हो और उस समय तक का मेरा सर्वश्रेष्ठ प्रदान करे। इसलिए मैंने अपने मार्केटिंग कोर्स को अद्यतन किया। आजकल नाइटिंगेल-कॉनैन्ट पर मेरी पूरी पुस्तकें और सीडी उपलब्ध हैं।

दूसरे शब्दों में, उसके विश्वास की बदौलत कंपनी ने मुझ पर विश्वास किया, जिससे मेरे जीवन में सकारात्मक परिणामों की एक पूरी श्रृंखला शुरू हो गई। मेरे शुरुआती स्वप्न की शक्ति की बदौलत मैंने ख़ुद पर और अपने

सृजन पर विश्वास रखा और इसी से यह सब शुरू हुआ। देखें, यह सब एक साथ कैसे आता है? जब कोई आप पर विश्वास करता है (मेरा संपर्क मुझ पर बहुत ज़्यादा विश्वास करता है और ग्यारह महीनों तक उसने मुझे यह बार-बार बताया), उससे होने वाला चमत्कार यह था कि मुझे सच्चे जादू का स्वाद मिल गया, जो तब मिलता है, जब आप अपने जीवन के उद्देश्य के सामंजस्य में होते हैं और वह काम कर रहे होते हैं, जिससे आपका दिल गुनगुनाने लगता है।

ख़ुद पर विश्वास करने से दूसरों पर विश्वास होता है - और वे भी आप पर विश्वास करते हैं। यह काफ़ी हद तक दोतरफ़ा मार्ग है।

डर से मस्तिष्क में एक वायरस उत्पन्न होता है। यह कहता है : *मैं किसी पर विश्वास नहीं कर सकता, क्योंकि अतीत में मुझे आहत किया गया है,* धोखा दिया गया है, निराश किया गया है। लेकिन अतीत में जो हुआ है, उसके आधार पर आप भविष्य का अंदाज़ा नहीं लगा सकते और अगर दूसरों ने आपको निराश किया है, तो उस अनुभव से सबक़ सीखें - कोई सकारात्मक चीज़, जो आपको भविष्य में सही दिशा में भेजे। विश्वास करें कि आगे बढ़ने का हमेशा एक बेहतर मार्ग है और इसमें दूसरे लोगों के साथ आपके संबंध शामिल हैं।

दूसरे लोगों पर विश्वास करना राह में आने वाले किसी भी व्यक्ति पर अंधा विश्वास करने के बारे में नहीं है, बात इससे काफ़ी अलग है।

आप अपने संबंधों में विश्वास के स्तर को बढ़ाने के लिए कुछ क़दम उठा सकते हैं...

अपने सबसे क़रीबी, सबसे "सामान्य" संबंधों से शुरुआत करें। अगर आपके पास भरोसेमंद लोगों का नेटवर्क है, तो जीवन की सबसे मुश्किल चीज़ों से निबटना और झेलना भी ज़्यादा आसान बन जाता है।

> *महान सबक़ यह है कि पवित्र सामान्य में है, कि यह इंसान के दैनिक जीवन, पड़ोसियों, मित्रों और परिवार में, अपने ही पीछे वाले आँगन में पाया जाता है।*
>
> **—अब्राहम मास्लो**

जिस तरह ख़ुद पर भरोसा बाक़ी हर चीज़ की आधारशिला है, उसी तरह आपके साथी इंसानों पर भरोसा करना आपके आस-पास के लोगों से शुरू होता है।

परिवार और मित्र...

अगर आपके शुरुआती संबंध ख़राब रहे हों, तो इसके बाद किसी पर विश्वास करना ज़्यादा मुश्किल हो जाता है। बच्चा अपने परिवार के माहौल से दूसरों पर विश्वास करना सीखता है। इसीलिए अत्याचारपूर्ण स्थितियों के शिकार बच्चे अक्सर और दुर्भाग्यपूर्ण तरीक़े से ऐसे लोग बन जाते हैं, जिन्हें किसी चीज़ या व्यक्ति पर विश्वास करने में बहुत मुश्किल आती है।

व्यक्तिगत संबंधों में विश्वास बढ़ाने का मतलब इसे धीरे-धीरे बढ़ाना है। अपने जीवन में मौजूद लोगों के साथ अपने सामान्य, रोज़मर्रा के व्यवहार से विश्वास बढ़ाएँ - यहीं से दूसरों में विश्वास करने की क्षमता आती है।

> *छोटी चीज़ों में आस्थावान रहें, क्योंकि उन्हीं में आपकी शक्ति निहित है।*
>
> **—मदर टेरेसा**

यदि आपने पशु आश्रय से कोई कुत्ता या बिल्ली ली है, तो आप जानते हैं कि उनका विश्वास जीतने और सच्चा संबंध जोड़ने के लिए किस चीज़ की ज़रूरत होती है। वे इसे सबसे बुनियादी व्यवहार से सीखते हैं - भोजन कराना। जब आप उन्हें हर दिन भोजन देते हैं, तो वे आप पर विश्वास करना सीखते हैं। यह बहुत छोटी सी बात है, लेकिन उनके दृष्टिकोण से अत्यंत महत्त्वपूर्ण है। वाक़ई, दिन प्रति दिन के व्यवहारों से ही हम सबसे पहले विश्वास करना - या न करना - सीखते हैं। विस्तार द्वारा, हम ख़ुद में दूसरे लोगों का विश्वास जमाने के लिए इसी तरह काम कर सकते हैं।

मदर टेरेसा इस बात की जीती-जागती मिसाल थीं कि आस्था में कैसे जिया जाए - और मैं यहाँ उनके शक्तिशाली और काफ़ी चर्चित धार्मिक विश्वासों की बात नहीं कर रहा हूँ। उनके पूरे संगठन का अस्तित्त्व परोपकार पर निर्भर था, यानी अपने परोपकारी कार्यों के लिए वे पूरी तरह से दान

पर निर्भर थीं, ताकि यह काम चलता रहे। उन्हें पूरा विश्वास था कि संसार उनके प्रयासों में साथ देगा और संसार ने इसी तरह प्रतिक्रिया की।

उनमें दूसरों पर विश्वास करने का संकल्प था – मुश्किल स्थितियों में भी। 1982 में रहने वाले लोगों को शायद याद होगा कि मध्य-पूर्व में मुश्किलें भड़क रही थीं, ख़ास तौर पर लेबनान में। तनाव के शिखर पर "बेरूत की घेराबंदी" में 37 बच्चे एक बड़े अस्पताल में फँसे थे। शहर की सड़कों पर इतनी बुरी लड़ाई हो रही थी कि उन्हें सुरक्षित स्थान तक पहुँचाना असंभव था और लड़ने वाले दोनों ही अपनी जगह से टस से मस होने को तैयार नहीं थे।

लेकिन मदर टेरेसा ने देखा कि उन बच्चों को उनकी मदद की ज़रूरत है। गंभीर स्थिति के बावजूद उन्हें यह विश्वास था कि फँसे हुए बच्चों के मामले में दूसरे लोग उनकी तर्क भरी बात सुनेंगे। सचमुच उन्होंने इज़राइल की सेना और फ़लस्तीनी गुरिल्लों के बीच अस्थायी युद्धविराम कराने में सफलता पाई, बस इतनी देर जिसमें वे रेड क्रॉस कर्मियों के साथ युद्धक्षेत्र में जा सकें और अस्पताल के बाल रोगियों को वहाँ से निकाल सकें।

यह विश्वास करने के लिए ज़बर्दस्त आस्था की ज़रूरत थी कि ये दोनों ही कट्टर शत्रु उन बच्चों को बचाने में न्याय देखेंगे और इस काम के लिए उन्हें निहत्था आने देंगे।

आपको दूसरों पर विश्वास करने के लिए अंतरराष्ट्रीय तनावों के बीच जाने की ज़रूरत नहीं है। हर दिन से शुरू करें और देखें कि आप कितनी दूर तक जाते हैं। अपने परिवार और मित्रों पर विश्वास करके अपने आस-पास के परिवेश से शुरू करें। अगर आप ऑफ़िस में किसी ज़िम्मेदारी के पद पर हैं, तो अपने अधीनस्थों में विश्वास करके देखें कि क्या होता है। विश्वास करें कि वे काम को सही कर लेंगे। लोगों में आपकी अपेक्षाओं के अनुरूप काम करने की प्रवृत्ति होती है।

याद रखें :

- आस्था अधिक आस्था लाती है, विश्वास अधिक विश्वास लाता है।
- यह खुलेपन का पुष्पीकरण है, जो घातांकीय गति से बढ़ता जाता है।

जब चीज़ें गड़बड़ होती हैं...

दुर्भाग्यपूर्ण सच्चाई यह है कि हममें से कुछ लोग ऐसी स्थितियों में भी हो सकते हैं, जहाँ मित्रों, यहाँ तक कि परिवार के सदस्यों, पर भी भरोसा नहीं किया जा सकता। "विश्वास करने" की अवधारणा का मतलब विषैले संबंधों के प्रति अंधा होना या किसी को ख़ुद से फ़ायदा उठाने देना नहीं है – स्थिति इसके विपरीत है! लेकिन जब आप ख़ुद पर विश्वास की ठोस नींव के साथ शुरू करते हैं, तो आप जान जाएँगे कि कब कोई स्थिति या संबंध आपके पक्ष में नहीं, बल्कि आपके ख़िलाफ़ काम कर रहा है। आप जान जाएँगे कि कब सामने वाले व्यक्ति के हृदय में आपके सर्वश्रेष्ठ हित हैं या फिर नहीं हैं।

महत्त्वपूर्ण बात यह है कि अनुभव के कारण किसी दूसरे पर विश्वास करने की अपनी क्षमता नष्ट न होने दें। अगर आप अपने परिवार पर भरोसा नहीं कर सकते, या अगर वे वहाँ नहीं हैं जहाँ आप हैं, तो आपको ऐसे मित्रों और साथियों का दायरा बनाना चाहिए, जिन पर आप भरोसा कर सकें।

यह दोतरफ़ा मार्ग है – यह आपकी कुंजी है, और इसी तरह आपको पता चलेगा कि आप किस पर भरोसा कर सकते हैं।

व्यक्तिगत संबंधों में विश्वास...

> *विश्वास वह पहली चीज़ है, जिसे आपको आशा के संदूक में रखना चाहिए।*
>
> —सारा बैन ब्रेथनाक

यह विवाह में सच्ची प्रसन्नता की एकमात्र कुंजी है। अगर आप अपना जीवन साथ गुज़ार रहे हैं, एक ही पलंग पर सो रहे हैं और आर्थिक मामलों में साथ-साथ हैं, तो एक दूसरे पर विश्वास करना पहला अनिवार्य क़दम है।

इसीलिए दादी हमेशा आपसे कहती थीं कि संबंधों और लोगों के मामले में समय लें, ख़ास तौर पर जब आप किसी से प्रेम करें। समय एकमात्र चीज़ है, जो आपको बताएगा कि क्या कोई आपके विश्वास का हक़दार है। आपसी विश्वास का आधार ही संबंध जोड़ने का एकमात्र तरीक़ा है।

विवाह और संबंधों के क्षेत्र में लोकप्रिय संस्कृति ने हम सबको निराश किया है। इसने सतही को महिमामंडित किया है और ऐसा दिखलाया है, मानो संसार का हर व्यक्ति अस्थायी संबंधों में शामिल हो - ऐसे संबंध, जो मुख्यतः भावनाओं पर आधारित होते हैं, जो उतनी ही तेज़ी से बदलती हैं, जितनी तेज़ी से फ़ैशन जगत के नवीनतम फ़ैशन बदलते हैं। "अमीरी में या ग़रीबी में" का मतलब विकट परिस्थितियों में भी एक दूसरे पर विश्वास करने में सक्षम होना है। आजकल मीडिया हमें ऐसी कहानियाँ बताता रहता है कि अमीर और मशहूर लोग सोच-विचार किए बिना ही अपने साथी बदलना चाहते हैं। यह ऐसा माहौल और नज़रिये नहीं हैं, जो लोगों को एक दूसरे पर विश्वास करने के लिए प्रोत्साहित करें या यह जानने-समझने के लिए भी कि किसी संबंध में एक दूसरे पर विश्वास होने का क्या मतलब होता है।

लेकिन हम हॉलीवुड के अब तक के सबसे सफल विवाहों में से एक से प्रेरणा ले सकते हैं।

2008 में पॉल न्यूमैन के गुज़रने से कुछ समय पहले ही उन्होंने और जोआन वुडवर्ड ने 50 वर्षों के वैवाहिक जीवन का जश्न मनाया था। यह किसी के भी लिहाज से लंबा समय है, हॉलीवुड के सितारों की बात तो रहने ही दें, जिन्हें सार्वजनिक जीवन के दबावों से जूझना होता है। एक बार न्यूमैन ने हँसी-मज़ाक़ में अपने स्थायी बंधन का श्रेय "कामुकता और सम्मान की सही मात्राओं" को दिया था। उन्होंने एक मैग्ज़ीन साक्षात्कार में एक और (अक्सर उद्धृत) जवाब दिया था, जब उनसे पूछा गया कि वे किस तरह विवाह को इतना सफल बनाने में कामयाब रहे, जबकि अभिनेता के रूप में वे इतनी सारी दूसरी महिलाओं - और उनके प्रलोभनों - के संपर्क में आते थे। "मेरे पास घर में स्टीक है। तो फिर हैमबर्गर के लिए बाहर क्यों जाऊँ?"

पॉल न्यूमैन और जोआन वुडवर्ड अक्सर एक दूसरे के साथ काम करते थे और उनमें गहरा आपसी सम्मान था। वे ऐसे जोड़े के जीते-जागते उदाहरण थे, जो एक दूसरे पर बहुत भरोसा करते थे - और यह भाव स्पष्ट रूप से इस तथ्य पर आधारित था कि वे जानते थे कि उन्होंने बेहतरीन जोड़ा बनाया है। वे एक दूसरे पर विश्वास करते थे और इसे इतना ज़्यादा महत्त्व देते थे कि उन्होंने यह सुनिश्चित किया कि उनके कार्य इसमें योगदान दें और इसे विवाह के इतने सारे दशकों तक बढ़ाते रहें। यह विश्वास उन

कार्यों की ओर ले गया, जिन्होंने न केवल संबंध को शुरू किया, बल्कि इसे इतने लंबे समय तक क़ायम भी रखा।

जब कोई संबंध कारगर न हो...

विश्वास से लगन और लचीलापन आता है, क्योंकि अगर कोई संबंध कारगर नहीं होता है, अगर कोई आपको निराश कर देता है, तो आप जानते हैं कि आप दोबारा कोशिश कर सकते हैं। ख़ुद पर और दूसरे लोगों पर विश्वास बता देगा कि आपको चाहे जो मुश्किलें आई हों और संबंध चाहे जिस कारण ख़त्म हुआ हो, आपके अंदर कोई गड़बड़ नहीं थी। आप अनुभव से सीख सकते हैं और दोबारा कोशिश कर सकते हैं। यह आपके ख़ुद के भविष्य में भी विश्वास रखने के बारे में है।

बच्चे – यह उनके विकास के लिए अत्यंत आवश्यक है...

बच्चों के मामले में विश्वास बहुत महत्त्वपूर्ण बन जाता है। आप जिन छोटे बच्चों के साथ व्यवहार करते हैं, अगर आप उनमें विश्वास नहीं करते हैं, तो वे परिणामों को महसूस करेंगे। वे परिणाम गंभीर हो सकते हैं।

अगर आपको अपने बच्चों पर विश्वास नहीं है, तो वे फल-फूल नहीं सकते; वे अच्छे वयस्क बनना और अपने दम पर जीना नहीं सीख सकते। उनका विवेक कमज़ोर होगा, क्योंकि उन्हें विवेक विकसित करने का कभी मौक़ा ही नहीं मिला। वे ख़ुद में और अपनी योग्यताओं में यक़ीन नहीं करेंगे, क्योंकि उन्हें कभी दिखाया ही नहीं गया कि कैसे। उन पर विश्वास करना किसी पौधे को पानी देने जैसा है – विकास करने के लिए बच्चों को इसी की ज़रूरत होती है।

जब बच्चों की बात आती है, तो विश्वास – या इसका अभाव – ख़ुद पूरी होने वाली भविष्यवाणी बन जाता है। अगर आपको उनकी इस योग्यता में विश्वास नहीं है कि वे तार्किक दृष्टि से अच्छे चुनाव कर सकते हैं, तो यह लगभग तय है कि वे इसे महसूस कर लेंगे और ऐसे ही काम करेंगे।

एक सहकर्मी ने मुझे एक बार गोपनीय रूप से बताया था कि उसका शुरुआती जीवन मुश्किल रहा था; वह किशोरावस्था में काफ़ी मुश्किलों में पड़

गई थी। यह कई माता-पिताओं की आम आफ़त थी - लड़के, पार्टीबाज़ी और इसी तरह की चीज़। वह अपने माता-पिता की अवहेलना करके अपने पार्टी वाले बॉयफ्रेंड के साथ रहने लगी थी। इस चक्कर में उसने हाई स्कूल भी जल्दी छोड़ दिया था। देखिए, यह बहुत आम कहानी है, लेकिन मुझे हैरानी इस बात से हुई कि यह वही महिला थी, जिसे मैं हमेशा थोड़ी वर्कोहोलिक मानता था। वह समर्पित पेशेवर थी और उसके नाम के पीछे डिग्रियाँ थीं। वह अपना ख़ाली समय सुविधारहित बच्चों की स्वयंसेवा में बिताती थी और एक बेदाग़ छवि का आनंद लेती थी। जहाँ तक मैं जानता था, उसकी यह छवि पच्चीस साल के बाद की उम्र से क़ायम थी। कहने की ज़रूरत नहीं है कि मैं उसकी इस स्वीकारोक्ति से काफ़ी हैरान था।

लेकिन इस बारे में बात करते वक़्त उसने एक ऐसी बात कही, जो मुझे बहुत महत्त्वपूर्ण लगी। उसने बताया कि उसके माता-पिता बहुत कठोर और माँग करने वाले थे। अगर निर्धारित समय के बाद घर पहुँचने में उसे एक मिनट भी देर हो जाती थी, तो उसे सज़ा मिलती थी और उसके कहे एक भी शब्द पर यक़ीन नहीं किया जाता था। उसकी कही बात के विवरणों की जाँच करने के लिए वे फ़ोन करते थे और इससे वह मुश्किल में पड़ जाती थी, भले ही "विसंगतियों" से दरअसल फ़र्क़ पड़ता हो या नहीं। उसने बताया कि जब तह किसी राहेली के घर जाती थी और उसकी सहेली के डैडी से घर तक लिफ़्ट माँगने के बजाय वह पैदल घर लौटती थी, तो उसे सज़ा दी जाती थी, क्योंकि उसके माता-पिता उसके बतलाए गए कारणों पर विश्वास नहीं करते थे कि वह पैदल क्यों आना चाहती थी। उन्हें यक़ीन होता था कि घर पैदल आने के पीछे ज़रूर कोई "बुरा" कारण था।

तार्किक बनने की कोशिश में वह दरअसल इतनी ज़्यादा मुश्किल में पड़ी कि उसने हार मान ली। वह इस नतीजे पर पहुँची कि माता-पिता का विश्वास हासिल करने का कोई तरीक़ा ही नहीं था, इसलिए उसने कोशिश करना छोड़ दिया। उसने कहा कि इसके बाद वह स्कूल में बुरी सोहबत में सचमुच रहने लगी और वाक़ई मुश्किल में पड़ने लगी। घर पर तो वह पहले ही सारे समय मुश्किल में रहती थी - तो फिर इससे क्या फ़र्क़ पड़ता था? वयस्कों की तरह ही, या शायद वयस्कों से ज़्यादा, बच्चे आपकी अपेक्षाओं के अनुरूप ऊपर - या नीचे - जिएँगे।

हम उसके "किशोर तर्क" पर थोड़ा हँसे और मैंने हैरानी जताई कि वह इतनी कम उम्र में अपना जीवन पूरी तरह बदलने में कैसे कामयाब हो गई। माता-पिता के अविश्वास के बावजूद वह ख़ुद पर विश्वास को बढ़ाने में कामयाब हुई और इसकी मदद से उसने सकारात्मक संभावनाओं से भरा जीवन बना लिया।

माता-पिताओं को यह कालजयी सलाह दी जाती रहती है - आप अपने बच्चों को सिर्फ़ एक सीमा तक ही सिखा सकते हैं और इसके बाद आपको यह विश्वास रखना होता है कि वे उस पर अमल करेंगे।

विश्वास अंधा नहीं होता है...

आस्था बिना प्रमाण का विश्वास नहीं है, बल्कि बिना शर्त का विश्वास है।

—डी. एल्टन ट्रूब्लड

"विश्वास की छलाँग लगाना" एक अच्छी बात है, जिसके पीछे एक अच्छा कारण है। एक निश्चित बिंदु पर, किसी दूसरे व्यक्ति पर विश्वास करने का मतलब अज्ञात में उस तरह की छलाँग लगाना है, जिस तरह सर्कस का कलाकार सचमुच लगाता है। लेकिन आप शर्त लगा सकते हैं कि सर्कस के उन कलाकारों ने मिलकर बहुत घंटों तक अभ्यास किया होगा और उस अनुभव ही बदौलत ही उन्होंने विश्वास और आस्था का वह अहसास पाया है। वे एक दूसरे की योग्यताएँ, टाइमिंग और शैली जानते हैं।

मेरी ही कहानी देख लें। मैंने (और इतने सारे दूसरे लोगों ने) नाइटिंगेल-कॉनैन्ट पब्लिशिंग के बारे में इतना ऊँचा सोचा, उसकी वजह उनका इतिहास और लेखकों की उनकी अविश्वसनीय सूची थी। कारोबारी जगत में विश्वास एक उपहार है और उन्होंने इसे अर्जित करने के लिए यह सुनिश्चित किया था कि वे हमेशा उच्च गुणवत्ता की सामग्री दें। मैं जानता था कि अगर मुझे उनके कैटेलॉग में जगह मिल जाती है, तो उनके ग्राहक मेरे बारे में अच्छी धारणा रखने लगेंगे।

किसी वास्तविक चीज़ के आधार पर विश्वास करें...

* बुनियादी बातों, छोटी-छोटी चीज़ों पर ध्यान दें आपके लिए कौन वहाँ है, सबसे छोटे विवरणों में भी?

* अपने समर्थन नेटवर्क की ओर मुड़ें - उन लोगों से राय लें, जिन पर आप विश्वास करते हैं, परिवार वालों और मित्रों से राय लें।

* सतही चीज़ों पर नहीं, चरित्र के बारे में आकलन करें।

* याद रखें, कार्य शब्दों से ज़्यादा तेज़ बोलते हैं - इस ओर ज़्यादा देखें कि लोग क्या करते हैं, उनकी कथनी पर उतना न जाएँ।

* अपने दिमाग़ के पीछे की उन मद्धिम आवाज़ों को सुनें - आप जितना मानते हैं, आपका विवेक उससे ज़्यादा अच्छा है।

* यह जान लें कि सीमाएँ हो सकती हैं - आपको यह विश्वास तो हो सकता है कि आपका पड़ोसी दो घंटों के लिए आपका बच्चे सँभाल सकता है, लेकिन हो सकता है कि आप अपने बच्चों को वीकएंड (या ऐसी ही किसी दूसरी चीज़) के लिए न छोड़ना चाहें।

* विश्वास मेलजोल से और समय के साथ बढ़ता है - लेकिन आपको उस समय तक पर्याप्त विश्वास करना होता है।

* अपने जीवन में शून्य से विश्वास बनाना हमेशा आसान नहीं होता है और यह सरल हाँ या ना वाले प्रश्न के बजाय एक प्रक्रिया है। वैसे विकल्प स्पष्ट है। विश्वास की कमी से द्वार बंद हो जाता है और आप पीछे हट जाते हैं, जबकि विश्वास आपके लिए संसार और इसकी संभावनाओं के पट खोल देता है।

विश्वास से लचीलापन भी बढ़ता है। इससे आपको विपत्तियों से पलटकर उठने की योग्यता मिलती है और आप डर या असफलता के अहसास में नहीं गिरते हैं। विपत्तियाँ और कुछ नहीं, बल्कि सुधार हैं, जो इसलिए आती हैं, ताकि आपको सही दिशा में संकेत कर सकें।

ऑफ़िस में विश्वास...

यह कहा जाता है - और इसमें काफ़ी सच्चाई है - कि हम परिवार वालों के साथ घर पर जितना समय बिताते हैं, ऑफ़िस में अपने सहकर्मियों के साथ उससे ज़्यादा समय बिताते हैं। विश्वास कार्यालयीन या कारोबारी संबंधों में भी इतना ही महत्त्वपूर्ण है और यह उस तरह का टीम माहौल बनाने के लिए अनिवार्य है, जिसकी ज़रूरत आपको सफल होने के लिए है - व्यक्तिगत रूप से भी और कंपनी के रूप में भी।

पेशेवर खेल टीमों का संसार हमें दूसरे लोगों पर विश्वास करने के चित्रात्मक उदाहरण देता है। मैं एक समय फुटबॉल देखता था और कई दूसरे लोगों के साथ मैं क्वार्टरबैक जो मोन्टाना को सार्वकालिक महानतम खिलाड़ियों के रूप में याद करता हूँ।

वैसे सबसे अविश्वसनीय क्वार्टरबैक भी अकेले, अपने दम पर चार सुपर बाउल नहीं जीत सकता या पूरे एनएफ़एल (जिसमें उन्होंने 1987 और 1989 में भाग लिया) में सबसे ज़्यादा पासर रेटिंग हासिल नहीं कर सकता। सभी महान टीम खिलाड़ियों की तरह ही वे भी जानते थे कि उनके ख़ुद के आँकड़े प्रभावशाली इसलिए थे, क्योंकि बाक़ी की टीम भी उसी उच्च स्तर पर काम कर रही थी।

वास्तव में, वे और वाइड रिसीवर जेरी राइस उन छह सीज़नों में सपनों की जोड़ी बन गए, जो उन्होंने सैन फ्रांसिस्को 49 के लिए एक साथ खेले थे और उनकी जोड़ी अब भी लीग में शीर्ष क्वार्टरबैक-रिसीवर जोड़ी है। जेरी राइस एक रिकॉर्ड होल्डर हैं; वे अब भी एक सीज़न का पासिंग रिकॉर्ड थामे हैं, जो 1995 तक जाता है। जब वे एक ही टीम में खेलते थे, तो वे दोनों ही बेहतरीन खिलाड़ी थे और अपने खेल के शिखर पर थे। एक दूसरे की योग्यताओं पर उनका विश्वास अनुभव पर आधारित था और उस ज्ञान पर, जो मिलकर काम करने से आता है। फुटबॉल तेज़ी से चलने वाला और अनपेक्षित खेल हो सकता है। हर क्वार्टरबैक को उस "आदर्श शख़्स" की ज़रूरत होती है, जिसकी ओर वह मुड़ सके, जब वह मुश्किल में हो और किसी दूसरे तक न पहुँच सकता हो। वह जानता है कि रिसीवर गतिविधियों का अध्ययन कर रहा है, उस एक छिद्र की तलाश कर रहा है, जो वह जानता है कि क्वार्टरबैक खोज लेगा। यह सब पेशेवर दृष्टि से

एक दूसरे पर उनके विश्वास पर आधारित है।

> *ज्ञान केवल आधा हिस्सा है। बाक़ी आधा हिस्सा विश्वास है।*
> —नोवालिस

एक निश्चित जादुई बिंदु है, जहाँ आप जान जाएँगे कि किसी के साथ आपका संबंध इस बिंदु तक बन चुका है, जहाँ आप पूरा विश्वास कर सकते हैं। निश्चित रूप से, सभी क्वार्टरबैक/रिसीवर जोड़ियाँ जो मोन्टाना और जेरी राइस की अचूक सटीकता की तलाश करती हैं, लेकिन स्पष्ट रूप से कोई अमूर्त चीज़ है, जो किसी जोड़ी को शिखर पर पहुँचाती है। दरअसल, इसका जादुई हिस्सा वह है, जहाँ विश्वास बागडोर थाम लेता है और आपकी व्यक्तिगत क्षमताओं से आगे की किसी चीज़ में बदल देता है।

जब आपको ख़ुद पर भरोसा होता है, तो आपके चयन विश्वास की स्थिति से आते हैं। इसके फलस्वरूप आप सकारात्मक चीज़ों और सकारात्मक लोगों को आकर्षित करेंगे, जो आपके जीवन में – और आप उनके जीवन में – सकारात्मक योगदान दे सकते हैं।

> *आस्था उस पर विश्वास करना है जो दिखाई नहीं देती है;*
> *इस आस्था का पुरस्कार उस चीज़ को देखना है जिस पर*
> *आप विश्वास करते हैं।*
> —सेंट ऑगस्टिन

जब आप दूसरों पर विश्वास करते हैं, तो बदले में आपको भी यही मिलेगा। हो सकता है कि कई बार आपको ज्ञान की आधारशिला के बिना अज्ञात में ही पूरी छलाँग लगाने की ज़रूरत हो। हो सकता है कि परिस्थितियों की यही माँग हो।

मैं एक कॉन्फ़्रेंस में एक महिला से मिला था और कॉफ़ी ब्रेक के दौरान हम बातचीत करने लगे। उसने बताया कि अगले दिन वह अपनी शादी की सालगिरह मनाएगी, इसलिए मैंने स्वाभाविक रूप से उसे बधाई दी। वह थोड़ा हँसी और फिर बोली, "धन्यवाद – लेकिन मुझे स्पष्ट करना चाहिए। यह

दरअसल हमारी शादी की सालगिरह नहीं है... यह वह दिन था, जब हमारी शादी होनी चाहिए थी।"

इसके बाद उसने एक अविश्वसनीय कहानी सुनाई। उसका पति, जो तब उसका मँगेतर था, निर्धारित विवाह तिथि के लगभग डेढ़ सप्ताह पहले एक गंभीर निर्माण दुर्घटना का शिकार हो गया था। उसे कई चोटें आई थीं और जिस दिन उनकी शादी होनी चाहिए थी, वह दिन उस युवती ने दरअसल अस्पताल में गुज़ारा था। वह अपने मँगेतर का हाथ थामे थी, जब कभी वह होश में आ रहा था या बेहोश हो रहा था।

आधी रात को घर लौटते वक़्त हाईवे के एक तरफ़ उस युवती की कार ख़राब हो गई। यही नहीं, उस वक़्त उस इलाक़े में एक सीरियल किलर भी खुला घूम रहा था और कई लोगों का अनुमान था कि वह हाईवे के उसी हिस्से में अपने शिकार चुन रहा था। ये सारी चीज़ें उसके दिमाग़ में चल रही थीं, जब वह हाईवे के एक तरफ़ असहाय और डरी हुई खड़ी थी। अचानक किसी ने उसके कंधे पर हाथ रखा - यह एक युवक था, जिसने उसे देख लिया था और मदद करने के लिए रुक गया था। उसने ढालू रास्ते से अगली सड़क पकड़ी थी और एक वैन में सुरंग के ठीक नीचे उसका इंतज़ार कर रहा था, जहाँ उसकी कार ख़राब हुई थी।

उस महिला ने कहा, "मैं आपको बता दूँ, मैं कुछ पल झिझकी। यह वैन थी, सीरियल किलर की कहानियाँ थीं... लेकिन उस पल मुझे मदद की जितनी ज़्यादा ज़रूरत थी, उतनी कभी महसूस नहीं हुई थी, इसलिए मैंने विश्वास की छलाँग लगाने का निर्णय लिया।"

उस युवक ने फ़ेंस लाँघने में युवती की मदद की। वह उसे पहाड़ी से नीचे वैन तक ले गया और वहाँ पहुँचने पर उसे उस युवक की गर्लफ़्रेंड दिखी। वे उसे एक गैस स्टेशन तक ले गए, ताकि वह एएए को फ़ोन कर सके (यह उन दिनों की बात थी, जब सेल फ़ोन नहीं होते थे) और मदद आने तक उसके साथ ही रुके रहे। उसने मुझे बताया, "मैं उस वक़्त भारी हताशा के गर्त में थी और उन दोनों ने लोगों में मेरे विश्वास को सचमुच लौटाया।"

हो सकता है कि आप किसी ख़ास व्यक्ति पर विश्वास करने या क़ायम रखने में समर्थ न हों, लेकिन यह पूरी मानवता पर विश्वास करने के बारे

में है। यह इस बात को जानने से आता है कि अगर आपका गर्लफ़्रेंड या गर्लफ़्रेंड बेवफ़ाई संबंधी कटु विवाद के बाद छोड़कर चला जाता है, तब भी आप सकारात्मक उम्मीदों से किसी दूसरे संभावित साथी से मिलने के विचार को रख सकते हैं। आप बेहतर विकल्प चुन सकते हैं और हर कोई "आपसे फ़ायदा उठाने के चक्कर में" नहीं रहता है। यह ख़ुद में और अच्छे विकल्प चुनने की अपनी क़ाबिलियत पर विश्वास के साथ शुरू होता है और इस विश्वास से भी कि "वहाँ बाहर" बहुत से अच्छे लोग और कुछ बेहतरीन इंसान हैं, जिनसे आपको बहुत से तरीक़ों से मिलना चाहिए और बहुत से सकारात्मक परिणामों को आमंत्रित करना चाहिए।

विश्वास सच्चाई की तरफ़ से आँखें मूँदे बिना अपने बोझ को हल्का करने की अनुमति देता है। आप सकारात्मक विकल्प चुन सकते हैं और ग़लतियों से सीखकर उन्हें भी सकारात्मक अनुभवों में बदल सकते हैं।

विश्वास विकसित होता है...

सितंबर 2011 में टैक्सस के उस इलाक़े में जंगली आग भड़क रही थी, जहाँ मैं साल में ज़्यादातर समय रहता था। मैंने अपनी मेलिंग लिस्ट को ई-मेल भेजकर लोगों से यह कहा कि वे बारिश के बारे में सोचें और इस विचार को अपने दिमाग़ में रखें।

लगभग तुरंत ही बारिश होने लगी। एक मित्र को आग के कारण अपना घर ख़ाली करना पड़ा था और उसने कहा कि अब उसे बताया गया था कि उसके इलाक़े से धुआँ छँटता नज़र आ रहा है, इसलिए वह जल्दी ही अपने घर लौट सकता है। दूसरे मित्र ने मुझे बताया कि वे घर ख़ाली करने वाले थे, लेकिन अब उन्हें बताया गया है कि उन्हें घर ख़ाली नहीं करना पड़ेगा - वे सुरक्षित थे।

क्या ऐसा इसलिए हुआ, क्योंकि हम सभी ने अपने विचार बारिश पर केंद्रित कर लिए थे? मैं आपको 23 वैज्ञानिक अध्ययन दिखा सकता हूँ, जिन्होंने दर्शाया है कि जब लोग सामूहिक रूप से किसी एक सकारात्मक उद्देश्य पर मनन करते हैं, तो उनके आस-पास के संसार में सकारात्मक चीज़ें होती हैं, जिन्हें नापा जा सकता है।

मिसाल के तौर पर, कुछ अध्ययनों में वैज्ञानिकों ने बताया कि जहाँ ध्यान किया गया, वहाँ आस-पास के समुदाय में अपराध और हिंसा में काफ़ी कमी आई।

वास्तव में, 1988 से 1990 तक एक दीर्घकालीन इरादतन ध्यान किया गया। इस ध्यान का अंत तब हुआ, जब लगभग हर मुख्य संघर्ष का अंत हो गया, जिसमें अफ़गानिस्तान के युद्ध और शीत युद्ध का ऐतिहासिक अंत तथा बर्लिन की दीवार का ढहना शामिल था।

सकारात्मक मानसिक चित्रण की शक्ति पर मुझे विश्वास था और मेरा विश्वास एक सकारात्मक तरीक़े से संक्रामक बन गया। कुछ लोगों ने तो इस बात पर भी टिप्पणी की है कि यह मेरे लिए कितना जोखिम भरा था कि मैं खड़े होकर कहूँ कि सामूहिक विश्वास सकारात्मक परिणाम दे सकता है, लेकिन मैंने परिणाम देखे हैं।

मेरे विश्वास ने दूसरों के विश्वास को शक्ति दी। लोगों ने सुझाव दिया है कि मैं "इसे एक बार फिर करूँ" – व्यापक विश्वास की उसी शक्ति का इस्तेमाल करके विश्व की कुछ हठी समस्याओं को सुलझाने में मदद करूँ... इस पुस्तक को लिखने का मेरा एक उद्देश्य यह भी है!

जब आप दूसरे लोगों पर विश्वास करते हैं, तो यह उन्हें बेहतर चीज़ों की ओर ले जाता है – यह संक्रामक बन जाता है। कोचिंग एक ऐसा पेशा है, जो विश्वास पर टिका होता है। अगर मैं आपके जीवन का कायाकल्प करने के लिए आपको कोचिंग दे रहा हूँ, तो मुझे आपमें और वहाँ पहुँचने की आपकी योग्यता में विश्वास होना ही चाहिए। यह केवल जीवित रहने और डर के बिना आगे बढ़ाने वाली रणनीति ही नहीं है। यह तो एक ऐसी चीज़ है, जिसे आप संप्रेषित करते हैं और यह दूसरे लोगों के साथ आपके सभी संबंधों को बेहतर बनाएगी, चाहे यह परिवार हो, मित्र हो, सहकर्मी हों या नियोक्ता हों।

मैं इसे इस तरह देखता हूँ कि दूसरे लोगों के साथ विश्वास के संबंध जोड़ने का विकल्प चुनने से एक चेन रिएक्शन शुरू हो जाती है, जो आपसे बाहर भी जाती है और लौटकर आपकी ओर आती भी है। यह चरम "जीत-जीत" स्थिति है।

4

ज़्यादा बड़े संसार में विश्वास

विश्वास के बिना जीना कोहरे में कार चलाने जैसा है।

—**सूक्ति**

विश्वास ख़ुद बढ़ता जाता है, जैसा हमने पिछले अध्यायों में कहा है। यह स्वयं पर विश्वास से शुरू होता है और आपके आस-पास के लोगों तक फैलता है और फिर आप अपने जीवन की राह में जिन व्यक्तियों के संपर्क में आते हैं, उन तक फैल जाता है। यह एक नींव, एक आधारशिला की तरह है, जिसे आपसे शुरू होना चाहिए।

जब आपकी और दूसरे व्यक्तियों की बात आती है, तो चाहे आप विश्वास में जीने और न डरने की कितनी ही कोशिश कर लें, लेकिन हमारा समाज इसे दोगुना मुश्किल बना देता है कि आप विश्वास में जीने के इस विचार को अपने आस-पास के व्यापक जगत तक फैलाना जारी रखें। ऐसा क्यों है? सरलता से कहें : हम एक ऐसे संसार में रहते हैं, जिसकी जड़ें डर में गहरी जमी हैं।

हमारी प्रोग्रामिंग डरने की है...

हमारे समाज में ज़्यादातर लोग मीडिया से जानकारी ग्रहण करते हैं और मीडिया डर पर आधारित होता है। यह निश्चित रूप से हमारे साथी इंसानों पर विश्वास करने या इस विचारधारा के हिसाब से काम करने पर आधारित नहीं होता। हमें ऐसे संदेश और कहानियाँ बार-बार सुनने, देखने या पढ़ने

को मिलती हैं, जो आपके भीतर मौजूद हर स्याह डर को बलवान करती हैं और कुछ ऐसे नए डर अंदर आ जाते हैं, जिनके बारे में आपने कभी सोचा भी नहीं था।

मुझे पता होना चाहिए! शुरुआत में मैंने प्रशिक्षित पत्रकार बनने का प्रशिक्षण लिया था। प्रशिक्षण में हमें सिखाया गया था कि हमें ख़ास तौर पर बुरी और नकारात्मक चीज़ें खोजने पर केंद्रित रहना चाहिए - इसे ही "ख़बर" माना जाता है। हम सारे समय मानव व्यवहार के सबसे अतिवादी उदाहरण इस तरह बताते हैं, मानो वही सामान्य हों। हम दूसरे देशों के सबसे हिंसक कार्य और घटनाएँ बताते हैं, अच्छे सकारात्मक मुद्दों या घटनाओं को ज़्यादातर छोड़ देते हैं। फलस्वरूप हम उस बिंदु पर पहुँच जाते हैं, जहाँ हमें विश्वास हो जाता है कि हमारे ख़ुद के संकीर्ण मानदंडों के बाहर की दुनिया एक भयानक, बुरी और ख़तरनाक जगह है। यहीं रुके रहो - बेहतर है कि बस अंदर ही रुके रहो!

मैं एक महिला से मिला, जो सृजनात्मक लेखक का कोर्स पढ़ाती है। हम अपने कामकाज के बारे में बात करने लगे। बातों-बातों में उसने बताया कि वह एक कोर्स में बच्चों के लिए लिखना सिखाती है। पेपर जाँचते वक़्त उसने कुछ विद्यार्थियों में एक प्रवृत्ति देखी। उनकी बाल कहानियों में हिंसक और विचलित करने वाले तत्व थे - माता-पिता मर गए थे, डरावने जानवर थे और इसी तरह की चीज़ें। भले ही बाक़ी मायनों में वे अच्छी तरह लिखी गई हों, लेकिन अगर ये हिंसक और विचलित करने वाले तत्व कहानी में नहीं सुलझाए गए थे, तो उसे अंक काटने ही थे, क्योंकि बाल साहित्य का एक मुख्य लक्ष्य संसार को समझने में बच्चों की मदद करना है - इसमें रहने से डराना नहीं है। "हमें नकारात्मक की जगह पर सकारात्मक को रखना होता है - दूसरे शब्दों में, अगर पात्र का अभिभावक मर जाता है, तो हमें छोटे पाठकों को इससे निबटने का कोई तरीक़ा दिखाना होता है। संदेश यह जाना चाहिए कि जीवन चल सकता है, समस्याएँ सुलझाई जा सकती हैं और त्रासद घटनाओं से भी उबरा जा सकता है। दूसरे शब्दों में, हमें उन्हें बाहर निकलने का तरीक़ा दिखाना होता है," उन्होंने समझाया, "वैसे दुखद बात यह है कि वयस्क साहित्य में हम ऐसा नहीं करते हैं। हम ऐसा क्यों नहीं करते?"

उसकी टिप्पणी सचमुच मेरे दिल में उतर गई। यह पूरी तरह सच है।

वयस्क कथा-साहित्य के संसार में या टी. वी. पर या न्यूज़ में या किसी भी दूसरी चीज़ में जो हम वयस्क स्तर पर देखते-सुनते हैं, अंत लगभग हमेशा दुखद होता है। विचार यह है कि वयस्कों के रूप में हम "सच्चाई" का सामना कर सकते हैं। लेकिन क्या वाक़ई यही वह सच्चाई है, जो हमारा लक्ष्य है?

जब हम न्यूज़ नहीं देखते हैं, तब भी फ़िल्में और टी.वी. शो मानव स्वभाव के नकारात्मक पहलुओं को उजागर करते हैं, संसार के हमारे नकारात्मक और डरने वाले दृष्टिकोण को बलवान बनाते हैं। जब बात टी.वी. शो की आती है, तो यह पता चलता है कि हम जो देख रहे हैं, वह असली ज़िंदगी को ज़रा भी प्रतिबिंबित नहीं करता है।

टी.वी. शो में हमें एक ऐसा संसार दिखाया जाता है, जो उस असली संसार से कहीं ज़्यादा हिंसक और ख़तरनाक है, जिसमें हम रहते हैं - और इसे साबित करने के लिए शोध भी किया गया है। 1955 से टी.वी. पात्रों की हत्या की दर असली दुनिया से 1,000 गुना ज़्यादा रही है (यह तथ्य स्टैनली रॉथमैन आदि की "वॉचिंग अमेरिका" से लिया गया है, न्यू यॉर्क : प्रेंटिस हॉल, 1991)। निश्चित रूप से, आप कह सकते हैं कि "यह तो सिर्फ़ मनोरंजन है!", लेकिन हम जो देखते हैं और हम जिसे नियमित रूप से और लगातार सोखते हैं, उसी के आधार पर हमारी यह धारणा बनती है कि हम किसे "सामान्य" मानते हैं, चाहे हम इसके बारे में पूरी तरह जागरूक हों या न हों। हम हिंसा, आक्रामकता और अपराध की संस्कृति में गोते क्यों खाना चाहते हैं? निश्चित रूप से, पलायनवाद के पक्ष में कुछ कहा जा सकता है - सामान्य जीवन के उतार-चढ़ाव से भरे दिन के बाद ऐसा मनोरंजन खोजना, जो आपको एक बिलकुल ही अलग धरातल पर ले जाता है - लेकिन दरअसल मामला इससे ज़्यादा गहरा है।

यह एक तथ्य है कि रात की नकारात्मक न्यूज़ और टी. वी. देखने की आदत से ज़्यादातर लोगों को यह विश्वास हो गया है कि हमारा समाज रसातल में जा रहा है और अपराध दरें बढ़ गई हैं। अक्टूबर 2011 में हुए गैलप पोल में 68 प्रतिशत अमेरिकी इस बात पर विश्वास करते थे, "इस समय पिछले साल से ज़्यादा अपराध हो रहे हैं।" ज़्यादातर का यह मानना भी था कि अपराध की दरें पिछले दशक में ज़्यादा बिगड़ी हैं।

आपने एक-दो "पुराने" लोगों को इस तरह की बात करते सुना होगा,

"पुराने ज़माने में हम कभी अपने दरवाज़ों पर ताला नहीं लगाते थे।" यह कोई फंतासी नहीं है! दशकों पहले कई समुदायों में यह सचमुच संभव था कि आप अपने दरवाज़े पर ताला न लगाएँ, अपने बच्चों को स्कूल तक पैदल भेज दें और बिना किसी चिंता के उन्हें दिन भर बाहर खेलने दें, अपनी साइकल पोर्च पर ताला लगाए बिना ही छोड़ दें और कुल मिलाकर, अपने इलाक़े में आरामदेह महसूस करें।

हुआ क्या ?

इस पर ज़्यादा कहे बिना बस यही कहूँगा कि न्यूज़ आ गई। यह सिर्फ़ एक ही न्यूज़ या मीडिया का एक ही रूप नहीं था। आजकल हमारे पास दर्जनों विकल्प हैं कि हम कहाँ से ख़बरें लें। पारंपरिक अख़बारों से लेकर केबल टी. वी., 24 घंटे की न्यूज़ और इंटरनेट तक के विकल्प मौजूद हैं, जहाँ अब कोई भी बातचीत में कूद सकता है। प्रतिस्पर्धा विकट है और वे सभी सबसे सनसनीखेज़ और ख़ौफ़नाक सुर्खियाँ पेश करके आपका ध्यान जकड़ने के लिए जूझ रहे हैं। ऐसी कहानियाँ पेश करने की होड़ लगी है, जिनका सबसे ज़्यादा भावनात्मक प्रभाव होता है।

लेकिन आइए सच्चाई पर नज़र डालते हैं। वास्तव में, अमेरिकी सेंसस ब्यूरो के अनुसार, हत्या की दर 1980 और 2008 (पिछले साल जब तक के आँकड़े उपलब्ध हैं) के बीच लगभग आधी हो गई थी और यह प्रवृत्ति लगभग हर जनसंख्या समूह में देखी जा रही है। इसी स्रोत के अनुसार, डकैती और जायदाद के अपराधों की दर भी 1990 से 2009 के बीच घटी है, कई बार (और अपराध की प्रकृति पर निर्भर करते हुए) लगभग आधी।

हाँ, हम एक-दूसरे से पहले से कहीं ज़्यादा भयभीत, डरे हुए और चिंतित हैं और ऐसा इसलिए है, क्योंकि हम नकारात्मक संदेशों की बाढ़ में डूबे हुए हैं।

हमारी प्रोग्रामिंग इस तरह की जाती है कि हम अपने पड़ोसियों से, अपने शहर और समाज से, पूरे संसार से डरें। हमारी प्रोग्रामिंग इस तरह की जाती है कि हम दूसरे लोगों, दूसरे देशों, दूसरे धर्म के लोगों से डरें। हमारा समाज विश्वास को बढ़ावा नहीं देता है, इसके बजाय यह डर को बढ़ावा देता है और इसका हम सभी पर व्यक्तिगत रूप से स्थायी प्रभाव पड़ता है।

जब आप सारी रोशनी के किनारे
पर आ जाएँ, जिसे आप जानते हैं
और अज्ञात के अँधेरे में
गिरने वाले हों, तब विश्वास यह जानना है
कि दो में से एक चीज़ होगी :
खड़े होने के लिए कोई ठोस चीज़ होगी या
आपको उड़ना सिखाया जाएगा।

—पैट्रिक ओवरटन

जब हम डर की अवस्था में जीते हैं, तो हम निश्चित रूप से वह नहीं जान सकते, जो पैट्रिक ओवरटन ऊपर उद्धृत अंश में बताते हैं। यह असंभव हो जाता है और यह खोई संभावना से हमें आहत कर देता है।

मेरी एक साथी लेखिका ने हाल ही में मुझे बताया कि उसने कुछ साल से अख़बार पढ़ना और टी.वी. न्यूज़ देखना छोड़ दिया है। उसका विवाह टूट चुका था, लेकिन वह दरअसल अपने जीवन में ख़ुशी-ख़ुशी आगे बढ़ चुकी है; यह विवाह टूटने के अनुभव पर प्रतिक्रिया नहीं थी। मज़े की बात, वास्तव में उसने समाचारपत्र पढ़ने या टी. वी. देखना छोड़ने का चेतन निर्णय भी नहीं लिया था। यह तो संयोगवश हो गया था। जब वह अपने ख़ुद के अपार्टमेंट में रहने गई, तो उसने अपने अख़बार की सदस्यता का नवीनीकरण नहीं किया। चूँकि वह अपने करियर पर ध्यान केंद्रित कर रही थी, इसलिए इतनी व्यस्त रहती थी कि टी. वी. ही नहीं देख पाती थी, नियमित न्यूज़ की बात तो रहने ही दें।

उसने अपने जीवन और ख़ास तौर पर अपनी भावनाओं में काफ़ी आश्चर्यजनक फ़र्क़ पाया। एक रात को इस ओर उसका ध्यान गया, जब उसके पास थोड़ा ख़ाली समय था, जो उसे काफ़ी अरसे बाद नसीब हुआ था। वह देखने की किसी चीज़ की तलाश में टी.वी. के चैनल बदलने लगी और इस प्रक्रिया में स्थानीय न्यूज़ पर आ गई, जिसे उसने दो साल से नहीं देखा था। पहली कहानी भयंकर थी - मेरी मित्र जहाँ रहती थी, वहाँ से कार से लगभग आधा घंटे दूरी पर एक माँ और छह बच्चे घर जलने से मर गए थे।

उसने मुझसे कहा, “यह देखने के बाद मुझे बहुत बुरा महसूस हुआ!

न सिर्फ़ मैं दहशत में थी, मैं तनावग्रस्त भी थी और मैंने पाया कि मैं इन भयानक विवरणों से व्यक्तिगत रूप से आहत महसूस हूँ।" यह कोई क्षणिक प्रतिक्रिया नहीं थी, जैसा उसने बाद में बताया। "अगले दिन भी मुझे बहुत अजीब लगता रहा - ख़ास तौर पर इसलिए क्योंकि मैं अब इस तरह के नकारात्मक प्रभावों की आदी नहीं थी। मैं विचलित और बाधित महसूस करने लगी। मुझे थोड़ा द्वेष भी महसूस हुआ और मैंने ख़ुद से कहा, 'वे मुझे इस तरह क्यों महसूस करा रहे हैं?' मैं निष्ठुर नहीं दिखना चाहती... लेकिन मैं उन लोगों को नहीं जानती थी और हालाँकि वे पास ही रहते थे, लेकिन मैं कभी उनके कस्बे में नहीं गई थी। मुझे एक ऐसी स्थिति ने चिंतातुर, भयभीत और थोड़ा खिन्न महसूस करा दिया, जिसके बारे में मैं कुछ नहीं कर सकती और जिन लोगों को मैं नहीं बचा सकती या किसी तरह की कोई मदद नहीं कर सकती।" यह तो बस न्यूज़ की पहली ख़बर थी! "मैं दोबारा न्यूज़ न देखने की अपनी पुरानी दिनचर्या पर बहुत ख़ुशी-ख़ुशी लौट आई।"

निश्चित रूप से, मेरा सुझाव यह नहीं है कि न्यूज़ में से सारी नकारात्मक ख़बरों को बाहर निकाल देना चाहिए। त्रासदी के मामलों में, जैसे मेरी मित्र के उदाहरण में, इसे प्रसारित करने का थोड़ा महत्त्व होता है, क्योंकि समुदाय बचे लोगों के नुक़सान में मदद करने के लिए आगे आ जाता है। बार-बार अनुभव ने दिखाया है कि ऐसे गंभीर मुश्किल के मौक़ों पर लोग एक दूसरे की सहायता के लिए आगे आते हैं और उस सहायता पर ध्यान केंद्रित करना ऐसी घटनाओं के प्रचार का एक बेहतर पहलू है। लेकिन पुनर्निर्माण प्रयासों और सामुदायिक प्रतिक्रिया पर ध्यान केंद्रित करने के बजाय मीडिया इस तरह की दुखद स्थिति के भीषण विवरणों पर ध्यान केंद्रित करता है। जैसे ही कहानी यह बताने से "बोझिल" होने लगती है कि बचे लोग कैसे जूझ रहे हैं और टुकड़ों को जोड़ रहे हैं, मीडिया उसे पूरी तरह से छोड़ देता है।

त्रासदी और नुक़सान की मूल कहानी सभी मीडिया नेटवर्कों द्वारा बार-बार दोहराई और फैलाई जाती है। यह पूरे संसार की उसी तरह की ख़ौफ़नाक, विचलित करने वाली, दुखद और चिंता फैलाने वाली कहानियों के ढेर को बढ़ा देती है, जो एक के ऊपर एक जमती चली जाती हैं, सुबह-शाम, बिना किसी विराम के... कोई हैरानी नहीं कि लोग डर जाते हैं, आशंकित बन जाते हैं या फिर विपरीत मार्ग चुन लेते हैं और इस तरह की हर चीज़

से संपर्क तोड़ लेते हैं तथा सिर्फ़ अपने संकीर्ण व स्वार्थपूर्ण हितों पर ही ध्यान केंद्रित करने लगते हैं।

हमें अपने सुरक्षित घरों में ताला लगाकर अंदर दुबकने तथा - और ज़्यादा टी.वी. देखने - के लिए प्रोत्साहित किया जाता है!

व्यापक जगत में विश्वास कई अलग-अलग स्तरों पर काम करता है। अगर हम सभी अपने ही निजी परिवेश में कछुए की तरह गर्दन अंदर किए रहें और संसार के ज़्यादा बड़े मंच पर काम करने से घबराएँ, तो यह व्यक्तियों का ही मसला नहीं रह जाता है, यह हमारे पूरे समाज और देश तक फैलता है; यह एक दूसरे के साथ उनके संबंधों तक भी फैल जाता है। यह उस तरह के तनावपूर्ण अंतरराष्ट्रीय संबंधों की ओर ले जाता है, जिनसे सिर्फ़ हमारे डर बढ़ते हैं।

संभवतः आपमें से कई लोग शीतयुद्ध के दौरान रहे होंगे। यह वैश्विक स्तर पर दो पूर्णतः विपरीत दृष्टिकोणों के बीच अति अविश्वास का युग था। यह 1962 के क्यूबाई मिसाइल संकट के दौरान उत्कर्ष पर पहुँचा, जब संसार की साँसें अटक गईं, जब राष्ट्रपति जॉन एफ़. केनेडी के अमेरिका ने क्यूबाई धरती पर बनी रूसी मिसाइलों के मामले में प्रीमियर निकिता ख्रुश्चेव के सोवियत शासन को घूरकर देखा। जब अमेरिकी शक्तियों ने क्यूबा की नौसैनिक घेराबंदी की, तो रूसी पनडुब्बियाँ उनसे मुक़ाबला करने के लिए कैरिबियन सागर में पहुँच गईं।

राष्ट्रपति केनेडी के नाम भेजे पत्र में प्रीमियर निकिता ख्रुश्चेव ने लिखा कि नौसैनिक घेराबंदी "आक्रामकता का ऐसा कार्य है, जो मानव जाति को वैश्विक परमाणु-मिसाइल युद्ध के गर्त में धकेल रहा है।" जोखिम बहुत असली था और 13 लंबे दिनों तक जारी रहा, जिस दौरान बाक़ी संसार डर में इंतज़ार करता रहा।

लेकिन अंत में क्या हुआ?

> *राष्ट्रपति महोदय, आपको और हमें इस समय रस्सी के दो विपरीत सिरों को नहीं खींचना चाहिए, जिसमें आपने युद्ध की गाँठ बाँध ली है, क्योंकि हम दोनों जितना ज़्यादा खींचेंगे, यह गाँठ उतनी ही ज़्यादा कस जाएगी। एक पल ऐसा आ*

सकता है जब यह गाँठ इतनी कसकर बँध जाए कि जिसने इसे बाँधा था, उसमें ही इसे खोलने की शक्ति न रहे और फिर उस गाँठ को काटना ज़रूरी होगा और उसका क्या मतलब होगा, यह आपको समझाने की ज़रूरत नहीं है, क्योंकि आप ख़ुद अच्छी तरह समझते हैं कि हमारे देशों के पास कितनी भयंकर शक्तियाँ हैं।

फलस्वरूप, अगर उस गाँठ को कसने का कोई इरादा नहीं है और संसार को परमाणु युद्ध की विभीषिका में झोंकने का कोई इरादा नहीं है, तो हमें न सिर्फ़ रस्सी के उन सिरों को खींचने वाली शक्तियों को ढीला करना चाहिए, बल्कि उस गाँठ को खोलने के क़दम भी उठाने चाहिए। हम इसके लिए तैयार हैं।

—चेयरमैन ख़ुश्चेव का राष्ट्रपति केनेडी को पत्र, 26 अक्टूबर 1962

आख़िरकार एक समाधान निकल आया। यूरोपीय और तुर्की ज़मीन से अमेरिकी मिसाइल हटाने के बदले में सोवियत सरकार क्यूबा में विद्यमान मिसाइलों को विखंडित करने पर सहमत हो गई और वहाँ उत्पादन रोकने पर भी। यह घटना "आपसी विनाश" के तथाकथित सिद्धांत का परिणाम थी और यह इस तरह चली : एक-दूसरे की ओर परमाणु हथियार तानकर हम यह सुनिश्चित करेंगे कि हममें से कोई भी दरअसल इसे शुरू न करे।

यह डर पर आधारित मत का अतिवादी उदाहरण है! दरअसल एक-दूसरे का डर हमें हथियारों का इस्तेमाल करने से रोकेगा... सोचने का यह तरीक़ा लंबे समय तक क़ायम नहीं रह सकता। इसका अंत होना ही था, एक तरीक़े से या दूसरे तरीक़े से।

आइए देखते हैं, इसके बाद क्या हुआ। लोहे का पर्दा गिर गया है और बर्लिन की दीवार भी। दशकों के तनाव के बाद शीत युद्ध का अंत हुआ। यह पता चला कि कभी हमारे सबसे बड़े सैन्य और राजनीतिक शत्रु की जनता भी यह स्वतंत्रता चाहती है कि यह आजीविका कमाए, अपने परिवारों का पालन-पोषण करे और आगे बढ़े... बाक़ी हर व्यक्ति की तरह।

मुद्दे की बात यह नहीं है कि आप या कोई देश कभी पूरी तरह शत्रुओं से रहित होगा। दुर्भाग्य से, ऐसा कभी नहीं हो सकता। लेकिन यह उदाहरण उस वक़्त याद रखने लायक़ है, जब अंतरराष्ट्रीय न्यूज़ हमेशा हिंसा और आक्रामकता के कार्यों व घटनाओं पर ध्यान केंद्रित करती है। जब दो कट्टर शत्रु पूर्ण विनाश की कगार पर आ गए थे, तब भी पीछे हटने, आम सहमति खोजने और संकट को ख़त्म करने की जगह थी। क्या इससे मानव स्वभाव के बारे में कुछ पता नहीं चलता है?

प्रेम, आशा, डर, विश्वास – यही मानवता को बनाते हैं;
ये इसके संकेत हैं और सुर हैं और चरित्र हैं।
—रॉबर्ट ब्राउनिंग हैमिल्टन

इस संदर्भ में अनिवार्य सत्य यह है : राजनेता और शासन आ-जा सकते हैं, लेकिन लोग दरअसल एक जैसे होते हैं। पूरे संसार में लोग एक जैसी चीज़ें चाहते हैं।

शीत युद्ध या वर्तमान अंतरराष्ट्रीय तनावों के ठीक विपरीत कनाडा-अमेरिका सीमा है, जो शांतिपूर्ण सह-अस्तित्व का आदर्श नमूना है। इसे अक्सर "विश्व की सबसे बड़ी अरक्षित सीमा" कहा जाता है और यह सच है कि वहाँ पूरी सीमा पर कोई सेना उपस्थित नहीं है। यह दरअसल विश्व की सबसे बड़ी सीमारेखा है, जो 5,525 मील लंबी है – और सौ साल से भी ज़्यादा समय से यहाँ कोई संघर्ष नहीं हुआ है।

इस असाधारण रूप से खुले अंतरराष्ट्रीय संबंध की वजह से दोनों ही देश वस्तुओं के व्यापार में एक-दूसरे के सबसे बड़े साझेदार हैं। उस लंबी सीमा पर उत्पादक कारोबारी परिवहन की असाधारण मात्रा आती-जाती है। व्यक्तिगत संबंध मधुर हैं, यह कहने की ज़रूरत नहीं है।

विश्वास का पुरस्कार मिलता है, जबकि डर सिर्फ़ और ज़्यादा डर लाता है। अगर व्यक्ति के रूप में संसार पर आपका विश्वास है, तो आप सीखने और विकास करने, अवसरों की तलाश करने के लिए बाहरी जगत से मदद माँगेंगे। आप उन लोगों को खोजेंगे, जिनसे आप जुड़ सकते हैं और जो आपके व्यक्तिगत व पेशेवर लक्ष्यों में आपकी मदद कर सकते हैं।

आप लोगों के बारे में बहुत कुछ बता सकते हैं, जब वे तनाव में काम कर रहे हों। ज़ाहिर है, हम सभी को 2011 में जापान के लोगों द्वारा सहन किए तिहरे झटके याद होंगे, जब 9.0 रिक्टर स्केल के भूकंप से उत्पन्न सुनामी ने उन्हें अपनी चपेट में ले लिया और फिर तुरंत बाद ही एक परमाणु बिजली प्लांट से विकिरण रिसाव हो गया। इसके बाद के विस्थापन, दुख और कष्ट के दौरान सूने घरों और दुकानों से बहुत कम लूटपाट हुई - निश्चित रूप से यह उस लूटपाट और अपराध की तुलना में बहुत कम थी, जो अगस्त 2011 के मशहूर दंगों के दौरान लंदन में हुई थी।

ऐसा क्यों हुआ? बस जापानियों ने समाज के रूप में एक दूसरे पर विश्वास करने का निर्णय लिया। उन्होंने यह विश्वास किया कि लोग ऐसा व्यवहार करेंगे, जो हर एक के लिए अच्छा हो और सिर्फ़ ख़ुद के लिए ही अच्छा न हो। यह एक-दूसरे में सामूहिक विश्वास पर आधारित समाज है; यह उन मानदंडों को क़ायम रखने के विश्वास पर भी आधारित है, जिन्हें वे सच मानते हैं - और यह कारगर है।

अगर विश्वास नहीं होता, तो इस संसार में कोई जीवित नहीं होता। हम सुरक्षा के साथ कीमा भी नहीं खा सकते थे।

—जॉश बिलिंग्स

एक बहुत ही वास्तविक संदर्भ में, हम सुरक्षा के लिए एक दूसरे पर निर्भर रहते हैं - अपने पड़ोसियों से सुरक्षा, समुदायों से और अंतरराष्ट्रीय संबंधों से। एक दूसरे पर भरोसा एक ज़रूरत है, क्योंकि इसके बिना धरती पर जीवन असहनीय बन जाता है।

इंसानों की दयालुता में विश्वास के अलावा मैं किसी और धर्म की ज़रूरत महसूस नहीं करती हूँ। मैं इस पृथ्वी और इस पर जीवन के चमत्कार में इतनी डूबी हूँ कि स्वर्ग और देवदूतों के बारे में नहीं सोच सकती।

—पर्ल एस. बक

चाहे आपके धार्मिक विश्वास जो भी हों, हमें यहाँ इस पृथ्वी पर एक दूसरे की ज़रूरत है। मैं आध्यात्मिकता को किसी तरह हतोत्साहित या कमज़ोर नहीं करना चाहता - वास्तव में इस पुस्तक में इस पर एक पूरा अध्याय है! - लेकिन हमें पृथ्वी पर रहने वाले इंसानों के रूप में इसे एक-दूसरे पर व्यावहारिक विश्वास के साथ मिला लेना चाहिए। एक दूसरे का विकल्प नहीं है।

इंसानों का आपसी विश्वास समाज के नैतिक तत्व थाम कर रखता है, जैसे कि ईश्वर में भरोसा संसार को उसके सिंहासन से बाँधे रखता है।

—विलियम एम. एवाट्र्स

एक दूसरे पर विश्वास न हो, तो समाज का ढाँचा ख़ुदबख़ुद गिरने लगता है। हम अपने एकाकी अस्तित्व में दुबक जाते हैं और अंततः हम उसे बना लेते हैं, जिसका हमें सबसे ज़्यादा डर होता है - एक अति प्रतिस्पर्धी संसार, जहाँ डर हर विचार और कार्य पर हावी रहता है, जिसकी वजह से हम एक दूसरे से दूर चले जाते हैं।

डर के चक्र को तोड़ें...

साहसी बनें। डर को पीछे छोड़ दें और विश्वास के साथ संसार की ओर हाथ बढ़ाएँ।

आगे बढ़ने का मतलब है कि आप कर्म कर रहे हैं - और अगर आप कर्म कर रहे हैं, तो इससे फ़र्क़ पड़ता है। इससे चीज़ें गति में आ जाती हैं। विश्वास कोई स्थिर अवस्था नहीं है। इसका मतलब यह इंतज़ार करना नहीं है कि जिन चीज़ों में आपको "विश्वास" है, वे अपने आप आपके पास आ जाएँगी। विश्वास एक ऊर्जा है, जो आपको सही दिशा में चलाती है। यह आपकी इच्छाओं और सपनों पर काम कराने की ओर ले जाती है - एक ऐसे संसार में, जहाँ आप जानते हैं कि आप उस व्यक्ति या वस्तु को खोज लेंगे, जिसकी आपको ज़रूरत है।

आगे बढ़ने से परिणाम उत्पन्न होते हैं।

विश्वास ही बुनियाद है और मैंने इस पुस्तक में यह बात पहले भी कही है, लेकिन यह दोहराने लायक़ है : विश्वास डर का प्रतिकार है। अगर आप दूसरों के प्रति खुलेंगे, तो आप कहीं ज़्यादा हासिल कर सकते हैं, चाहे व्यक्तिगत संबंधों की बात हो या अंतरराष्ट्रीय संबंधों की।

जब आप अपने डर को अपने विश्वास से ज़्यादा बड़ा बना लेते हैं, तो आप अपने सपने को रोक देते हैं।

—मैरी मैनिन मॉरिसी

कर्म करना विश्वास का संकेत है।

संसार और देशों की बात रहने दें, व्यक्तिगत रूप से आपके लिए इसका क्या मतलब है? भले ही आपको ख़ुद पर और ख़ास लोगों पर विश्वास हो, लेकिन आपके आस-पास के संसार पर अविश्वास का यह मतलब होगा कि आप बाहर जाने की हिम्मत नहीं करते हैं – आप कोशिश ही नहीं करेंगे, और दरअसल आप ख़ुद को संसार से दूर करने की कोशिश करेंगे, लेकिन इस तरह आप ख़ुद को असफलता के लिए अभिशप्त भी कर रहे हैं।

अगर आप व्यापक संसार पर विश्वास करते हुए आगे बढ़ते हैं, तो आपके क्षितिज व्यापक होते हैं, लेकिन इसका यह मतलब नहीं है कि आप आँख मूँदकर आगे बढ़ते हैं।

विश्वास को... तर्क द्वारा पोषित किया जाना चाहिए... जब विश्वास अंधा हो जाता है, तो यह मर जाता है।

—महात्मा गाँधी

महात्मा गाँधी मशहूर शांतिवादी थे, लेकिन उन्होंने भी विश्वास के साथ तर्क को जोड़ने की सलाह दी थी। पूर्ण "विश्वास" के आधार पर सावधानी को हवा में उड़ाने से चीज़ें कारगर नहीं होंगी। इसका मतलब तो अपने डरों से ख़ुद को सीमित किए बिना समझदार बनना है – निश्चित रूप से थोड़ा संतुलन करने का काम करने की ज़रूरत है। ऐसी बात नहीं है कि जिस भी व्यक्ति और वस्तु से आपका पाला पड़ेगा, वह आपको लाभ ही पहुँचाएगी।

मुद्दे की बात तो यह जानना है कि सकारात्मक चीज़ें वहाँ आपका इंतज़ार कर रहीं हैं, और अगर आप विश्वास व प्रेम से उनकी ओर जाते हैं, तो आप उन्हें पा लेंगे।

ज्ञान और तैयारी आपकी कुंजियाँ हैं, जिनसे आप संसार के ऊबड़-खाबड़ में छिपे इन हीरों को खोजने में सक्षम होंगे।

उचित क़दम उठाएँ...

- जीवन में आपका जिससे भी सामना हो, उसके लिए खुद को हर संभव तरीक़े से तैयार करें। शुरुआत में, किसी भी विषय पर पुस्तकें होती हैं, जिनसे आप सीख सकते हैं कि उस स्थिति से निबटने के लिए आपको क्या करना चाहिए – वह सब, जो भी आपको उस बारे में जानने की ज़रूरत है।

- यथार्थवादी अपेक्षाएँ रखें, लेकिन इसके बावजूद सपने देखने का साहस रखें। यह आदर्शों का असंभव सा तालमेल नज़र आता है, लेकिन है नहीं। हो सकता है कि वास्तविकता सुंदर और सकारात्मक संभावनाओं से भरी हो – आपको यही विश्वास करने की ज़रूरत है।

- असली ख़तरों और चिंताओं को ख़ारिज न करें, बल्कि जानकारी रखकर और तैयारी करके आगे बढ़ें।

> *आस्था प्रमाण पर ध्यान दिए बिना किसी चीज़ पर यक़ीन करना नहीं है; आस्था तो परिणाम पर ध्यान दिए बिना किसी चीज़ का जोखिम लेना है।*
>
> —शेरवुड एड्डी

यह जान लें कि आपके ख़िलाफ़ क्या है, और फिर वहाँ जाएँ और "बस इसे कर दें।" जोखिमों का ज्ञान हासिल करें और फिर क़दम बढ़ाएँ। पहले तो अपनी योग्यताओं और विवेक पर भरोसा रखें और दूसरे, इस बात पर भरोसा रखें कि एक सहयोगी संसार आपका इंतज़ार कर रहा है कि आप इसमें अपना रास्ता खोजें।

विश्वास संक्रामक होता है – और इसका विकल्प भी...

अच्छे विश्वास से काम करें, और यह आपकी ओर लौटकर आएगा। डर और शंका से काम करें, और बदले में आपको यही मिलेंगे।

हम एक दूसरे की शंका के आधार पर काम करना पसंद करते हैं – हम सोचते हैं कि यह सहज बोध है और हम तार्किक दृष्टि से सोच रहे हैं। संसार एक ख़तरनाक जगह है, है ना? किसी पर भी भरोसा नहीं किया जा सकता। हम अविश्वास और डर का यह अहसास सरकार और अधिकारियों तक फैला देते हैं, लेकिन ये वही लोग हैं, जिन्हें हम ख़ुद चुनते हैं! ऐसा कैसे होता है कि जिन लोगों को हम अपनी आवश्यकताएँ पूरी करने के लिए चुनते हैं, वही हमारी शंकाओं के निशाने बन जाते हैं?

जब हम लोगों के बारे में शंकालु और अविश्वासी बन जाते हैं, और उन प्रक्रियाओं के बारे में भी, जिन पर हमारा समाज टिका है, तो हम भागीदारी करना छोड़ देते हैं। वास्तव में चुनावों का मतदान प्रतिशत इस प्रवृत्ति की पुष्टि करता है – 1970 के बाद से अमेरिका में मतदान का प्रतिशत हर बार वैध मतदाताओं के 60 प्रतिशत से नीचे लगातार गिर रहा है (फ़ेडरल इलेक्शन कमीशन और द युनाइटेड स्टेट्स इलेक्शन प्रोजेक्ट के अनुसार)। यह एक स्पष्ट संकेत है कि लोग आम तौर पर हमारी शासन प्रणाली में विश्वास नहीं करते हैं।

यह कैसे बदल सकता है ?

यह हमारी हिस्सेदारी से बदल सकता है – जब हम सभी अपने समुदाय में बदलाव लाने के लिए आगे बढ़ें। वही सिद्धांत लागू होते हैं, जिन पर हमने व्यक्तिगत क्षेत्र में बात की है – काम करें, लेकिन समझदारी और सहज बोध से। जुड़े रहने और जानकारी रखने के दृष्टिकोण से विश्वास रखें।

यदि हम अपनी सामाजिक संस्थाओं में विश्वास रखना – वापस लाना – चाहते हैं, तो हम सभी को अपनी भूमिका निभाने और उनमें इस तरह भागीदारी करने की आवश्यकता है, जो ज्ञानपूर्ण हो और तैयारी से भरा हो। तब यह "हम बनाम वे" का मामला नहीं रह जाता है – तब यह "हम" बन जाता है। जब हम मिलकर खड़े होते हैं, तो हमारा विश्वास बढ़ता है और हमसे ज़्यादा बड़ा बन जाता है।

बुराई की नहीं, अच्छाई की तलाश करें - गहराई तक खोदने के इच्छुक रहें, ताकि आप उसे पा लें, जो अच्छा, सच्चा और लाभप्रद हो, चाहे यह मतदान मशीन के नामों के बीच हो या आपके जीवन के किसी अन्य हिस्से में। विश्वास करें कि अच्छाई वहाँ मौजूद है और इंतज़ार कर रही है कि आप उसे खोज लेंगे - और यह सचमुच इंतज़ार कर रही होगी!

अपने प्रोग्राम मिटा लें!

मैं यह सुझाव नहीं दे रहा हूँ कि आप ख़ुद को न्यूज़ या मीडिया से पूरी तरह काट लें। उनकी नकारात्मक, डर पैदा करने वाली प्रोग्रामिंग से बचने के लिए आपको संन्यासी बनने की कोई ज़रूरत नहीं है - वास्तव में, यह बात मेरे संदेश के ठीक विपरीत है!

वैसे आपको ऐसे क़दम उठाने होंगे, जिनसे आप नकारात्मक संदेश की उस धारा को जानकारी के दूसरे स्रोत से संतुलित कर लें।

- वैकल्पिक समाचार स्रोत खोजें - अपनी सारी जानकारी और सूचना किसी एक स्रोत से ही न पाएँ। स्रोत की पर्याप्त संख्या रखें, जो विभिन्न मतों और राजनीतिक झुकावों को पेश करती हों, ताकि घटनाओं के बारे में आपका दृष्टिकोण उस एक स्रोत से विकृत न हो जाए, जो उस कहानी को सबसे सनसनीखेज़ या सबसे लुभावने तरीक़े से पेश करने की कोशिश कर रहा हो।
- "न्यूज़" के अलावा भी पता लगाएँ कि आपके समुदाय और आपके संसार में दरअसल क्या-क्या हो रहा है। ऑनलाइन न्यूज़ ग्रुप और मैसेज बोर्ड खोजें, जहाँ आप न सिर्फ़ पढ़ सकें, बल्कि मुद्दों पर दूसरों के साथ बातचीत भी कर सकें। ऐसे मुद्दों में शामिल हों, जो आपके लिए महत्त्वपूर्ण हों - फिर आप ख़ुद ही न्यूज़ के स्रोत बन जाएँगे।
- सकारात्मक चीज़ों की तलाश करें, केवल नकारात्मक चीज़ों की तलाश न करें। अच्छी ख़बर वहाँ रहती है - लेकिन उसे पाने के लिए आपको देखना होता है!

- इंटरनेट अपने क्षितिजों को व्यापक करने और दूसरे, अधिक व्यवसाय उन्मुखी मीडिया से मिलने वाले निरंतर नकारात्मक व डर पैदा करने वाले संदेशों से ख़ुद को दूर करने का एक ज़बर्दस्त तरीक़ा है।

वास्तव में, इंटरनेट आदि इलेक्ट्रॉनिक मीडिया और वायरलेस टेलीफ़ोन प्रौद्योगिकी दोनों ही अकेले के बजाय मिलकर काम करने की शक्ति के ज़बर्दस्त उदाहरण हैं। इन्होंने हमारे संसार को बहुत ज़्यादा बदल दिया है और उन चीज़ों को संभव बना दिया है, जो पहले कभी नहीं थीं - सिर्फ़ इसलिए क्योंकि हम हम अपने आस-पास के और जाने-पहचाने छोटे से संसार में ही तालाबंद नहीं रहते हैं, बल्कि उसके आगे निकल जाते हैं। संसार हर एक के लिए खुल चुका है, इसलिए इन नए अवसरों का लाभ लें।

आप इंटरनेट पर जाकर बड़ी आसानी से अपने जैसे लक्ष्यों, आदर्शों और मानसिकता वाले लोगों का समुदाय बनाने का काम कर सकते हैं। जब आप आगे बढ़ेंगे, तो आप अपने प्रभाव का विस्तार कर लेंगे और आपको बदले में भी इसी प्रकार मिलेगा। आप पाएँगे कि इस अभ्यास से संसार पर आपका विश्वास मज़बूत हुआ है।

मैं शंका के बजाय विश्वास की तरफ़ रहने की ग़लती करना चाहूँगा।

—रॉबर्ट शुलर

आप जिस व्यक्ति और वस्तु पर विश्वास कर सकते हैं, इस आधार पर एक समुदाय, एक नेटवर्क और एक व्यापक संसार बनाएँ। फिर आगे बढ़कर इसका विस्तार करें। आप पाएँगे कि आप ही "मौन बहुमत" हैं। आपका समुदाय और ज़्यादा बड़ा संसार दरअसल ऐसे लोगों से भरा है, जो किसी को चोट पहुँचाए बिना अपना रास्ता बनाना चाहते हैं, जो ज़रूरत के समय या आगे बढ़ने में एक दूसरे की मदद करके ख़ुश होते हैं। हम दरअसल अंदर से एक जैसे होते हैं।

विश्वास कोई ऐसी चीज़ नहीं है जो आपके पास होती है, यह तो ऐसी चीज़ है जो आप करते हैं।

—बराक ओबामा (1 दिसंबर 2006 को दिए भाषण में)

कहावत है, "कोई कोशिश नहीं, कोई लाभ नहीं।" वास्तव में, यह कहती है कि आप जीवन से तब तक कुछ बाहर नहीं निकाल सकते, जब तक कि आप कुछ अंदर न डालना चाहें - सफल होने से पहले आपको कोशिश करनी होती है। चाहे यह आपके व्यक्तिगत जीवन के संबंध में हो या आपके कारोबारी मसलों या करियर के संबंध में हो, सचमुच ख़ुश और संतुष्ट बनने के लिए आपको वह छलाँग लगानी होती है और विश्वास रखना होता है कि जब आपको ज़रूरत होगी, वहाँ पर पैर रखने की जगह होगी तथा आप किसी ऐसे संसार में पूरी तरह सफल नहीं हो सकते, जिससे आप डरते हों।

हमारे भीतर यह विश्वास रहे कि सही होने में शक्ति है; और उसी विश्वास के साथ हम अंत तक अपना कर्तव्य करने का साहस रखें, जैसा कि हम इसे समझते हैं।

—अब्राहम लिंकन

अक्सर कहा जाता है कि जीवन में कोई गारंटी नहीं होती और "बुरी चीज़ें" किसी के साथ भी हो सकती हैं। लेकिन जब बुरी चीज़ें होती हैं और ऐसा महसूस होता है मानो संसार आपको निराश कर रहा है, जैसा कि यह कभी-कभार करता रहेगा, तो आप हर चीज़ और हर व्यक्ति के बारे में अपना दृष्टिकोण इसी रंग से नहीं रंगेंगे। विश्वास के साथ, आप "बुरे" अनुभवों को सीखने और भविष्य में ज़्यादा समझदार बनने के अवसर मानेंगे। आप विकास करेंगे और सीखेंगे, और जानेंगे कि भविष्य में किससे बचना है। यह ख़ुद में आपके विश्वास को भी बढ़ाएगा।

विश्वास वह गोंद है, जो मानव समाज को एक साथ बाँधे रखती है। विश्वास की कमी हम सभी को नष्ट करने के बहुत क़रीब ले आई थी और अगर आप कभी इसे अपने सोचने के तरीक़े पर हावी होने देंगे, तो यह निश्चित रूप से आपके सपनों को नष्ट कर देगी।

अपने संसार में भागीदारी करें - आप जितने ज़्यादा संबंध जोड़ते हैं, आप पाएँगे कि आपके विश्वास को उतना ही ज़्यादा पुरस्कार मिलता है। जब आप आगे बढ़ते हैं, तो आप पाएँगे कि यह आपकी ओर लौटेगा - दूसरी ओर, अगर आप पीछे हटते हैं, तो आप समर्थकों के बिना अकेले रह जाएँगे। अपने संसार और अपने समुदाय के साथ जुड़कर इसका हिस्सा बनें और जो होता है, उसका हिस्सा बनें। आप जितना ज़्यादा जानते हैं और आपके जितने ज़्यादा संपर्क होते हैं, आपको उतने ही ज़्यादा पुरस्कार मिलते हैं। आप कभी नहीं जानते हैं कि आप किससे मिलेंगे, कौन आपकी मदद कर सकता है - या आप किसकी मदद कर सकते हैं।

चाहे व्यक्तिगत स्तर पर हो या इंटरनेट पर, सच्चे सद्भाव के साथ संसार की ओर क़दम बढ़ाएँ और आपको जुड़ने के लिए अपनी ही मानसिकता वाले लोग मिल जाएँगे।

इंटरनेट मेरी ख़ुद की सफलता के लिए भी बहुत महत्त्वपूर्ण रहा है। लोगों से ऑनलाइन जुड़ना और अपनी लिखी सामग्री से उनकी मदद करना मेरी सफलता के लिए महत्त्वपूर्ण रहा है। मैं स्वीकार करूँगा कि करियर के बिलकुल प्रारंभ में मुझे यह उतना संभावनापूर्ण नहीं लग रहा था। मैं जानता हूँ कि इलेक्ट्रॉनिक जगत में किसी चीज़ को उतारने के बाद यह विचार आम है कि वहाँ पर इसे पढ़ने या सुनने वाला कोई व्यक्ति मौजूद भी है या नहीं। यह कई बार एकाकी जगह लग सकती है - जुड़े होने के बजाय कटी हुई, क्योंकि वहाँ शारीरिक उपस्थिति नहीं होती है।

लेकिन मुझे जो प्रतिक्रिया मिली है, वह सचमुच विनम्र करने वाली रही है और मैं इसके लिए वाक़ई कृतज्ञ हूँ। मुझे ख़ुद पर और अपने प्रॉडक्ट पर विश्वास था, मुझे अपने आस-पास के लोगों पर विश्वास था, जिन्होंने मेरे सृजन में मदद की थी और मुझे यह विश्वास भी था कि मैं अपने सृजन के साथ जब ज़्यादा बड़े संसार में क़दम बाहर रखूँगा, तो ये ठोस ज़मीन पर होंगे। परिणाम? संसार ने सकारात्मक प्रतिक्रिया की। अब तक मेरा विश्वास ग़लत जगह पर नहीं रहा है।

हम बाक़ी संसार को कैसे देख सकते हैं, इसके साथ कैसे व्यवहार कर सकते हैं और इसके बारे में कैसे सीख सकते हैं, यह सब इंटरनेट ने बदल दिया है। इसका मतलब है कि हमें संसार की उस उदास दृष्टिकोण वाली

विनाशकारी भविष्यवाणी को स्वीकार करने की ज़रूरत नहीं है, जो मीडिया हमें बताता है – अब हम ख़ुद पता लगा सकते हैं। हम न सिर्फ़ जानकारी पा सकते हैं, बल्कि पूरे संसार के लोगों के साथ संपर्क भी कर सकते हैं और जुड़ भी सकते हैं।

आपको लाभ कैसे हो सकता है ?

हर व्यक्ति जानता है कि कारोबारी सफलता का आधार है, "आप किसे जानते हैं।" लेकिन व्यवसाय ही इकलौती जगह नहीं है, जहाँ यह बात सच हो। लेखक या किसी भी सृजनात्मक पेशे में नेटवर्किंग ही कुंजी है, न सिर्फ़ अपने कामकाजी और करियर अवसरों से जुड़ने के लिए, बल्कि पेशेवर विकास के लिए भी। अपने करियर के जोशों के ज़रिये संसार तक आगे बढ़ना उन लोगों और संगठनों के संपर्क में आने का अद्भुत तरीक़ा है, जो देश की सीमाओं के पार हो सकते हैं।

संसार बहुत बड़ी जगह है और इसमें अच्छाई भी है, बुराई भी; सकारात्मक भी है, नकारात्मक भी। लेकिन आपके ध्यान का केंद्र चाहे व्यक्तिगत पर हो या पेशेवर पर और चाहे इसका संबंध आपके गृहनगर से हो या संसार की किसी दूसरी जगह से हो, यह विश्वास रखें कि अच्छाई वहाँ पर है, जो खोजे जाने के लिए आपका इंतज़ार कर रही है और अगर आप ईमानदारी से और "अच्छे विश्वास" के साथ बढ़ते हैं कि यह आपके पास आ जाएगी, तो यह आएगी! निश्चय ही!

5

ज़्यादा ऊँची शक्ति में विश्वास

जो लोग सच्चे विश्वास से, सच्चे दिल से ईश्वर को आवाज़ देते हैं, उनकी आवाज़ निश्चित रूप से सुनी जाएगी और जो उन्होंने माँगा और चाहा है, वह उन्हें मिल जाएगा।

—मार्टिन लूथर किंग

मैंने कई कारणों से इस अध्याय को अंत के लिए बचाया था, जिसमें यह कारण भी है कि यहीं पर "विश्वास" के विचार की ग़लत व्याख्या सबसे आसान होती है।

ध्यान रहे, मैं किसी ज़्यादा ऊँची शक्ति में विश्वास की बात तो कर रहा हूँ, लेकिन मुझे उस शक्ति को कोई विशेष नाम या पृष्ठभूमि देना पसंद नहीं है। अगर मैं इसे कोई नाम दूँ या किसी ख़ास धर्म को मान्यता देता दिखूँ, तो इससे लोगों का ध्यान उन विशिष्ट मुद्दों, धर्मसिद्धांतों और विवरणों पर केंद्रित हो सकता है, जिनका उन अवधारणाओं से कोई लेना-देना नहीं है, जिन पर मैं यहाँ विश्वास के संदर्भ में बात कर रहा हूँ।

वास्तव में, मैं तो यहाँ तक कहूँगा कि इससे मेरे उद्देश्य पर विपरीत प्रभाव पड़ेगा। इस कारण लोग विभाजित महसूस कर सकते हैं और मतभेद को बढ़ावा मिल सकता है, जबकि मैं यहाँ इसके विपरीत को प्रोत्साहित कर रहा हूँ। अगर हम अपने विश्वास को ज़मीनी स्तर से ऊपर बनाते हैं, यानी ख़ुद पर विश्वास से शुरू करके दूसरे लोगों तक और फिर उसे बढ़ाकर हमारे समुदाय और हमारे संसार तक ले जाते हैं, तो यह तय है कि इससे

हम सब ज़्यादा क़रीब आएँगे।

जब आप ज़्यादा ऊँची शक्ति को "ईश्वर" कहते हैं, तो इससे वे बटन चालू हो सकते हैं, जिन्हें बंद ही रहना चाहिए!

ज़्यादा ऊँची शक्ति क्या है ?

अगर यह "ईश्वर" नहीं है, तो ज़्यादा ऊँची शक्ति से आपका क्या आशय है? बेशक आप मन में यही सवाल पूछ रहे होंगे।

जब मैं किसी ज़्यादा ऊँची शक्ति के बारे में बोलता हूँ, तो मेरा मतलब ऊर्जा के उस महासागर से है, जिसके हम हैं और जिसका हम हिस्सा हैं। मैं जो भी करता हूँ, हर चीज़ में उस महासागर को शिद्दत से महसूस कर सकता हूँ - मैं इसमें तैर रहा हूँ। हम सभी इसमें एक साथ तैर रहे हैं। यही हमें जोड़ता है और एक साथ जोड़े रखता है। यह ऐसी शक्ति है, जो हमें इस संसार से परे किसी चीज़ से जोड़ती है।

यह आपसे, मुझसे, इस धरती पर रहने वाले किसी भी इंसान या चीज़ से ज़्यादा बड़ी है।

आस्था आध्यात्मिकीकृत कल्पना है।

—हेनरी वॉर्ड बीचर

मैं प्रबलता से महसूस करता हूँ कि यह शक्ति मेरी परवाह कर रही है। जो भी चीज़ होती है, उसके पीछे एक मार्गदर्शक शक्ति होती है और मैंने उस शक्ति को अपने जीवन में कई बिंदुओं पर प्रत्यक्ष रूप से महसूस किया है - शायद आपने भी महसूस किया हो। यह इस बात का अहसास है कि हम सभी सबको समाहित करने वाली ऊर्जा से जुड़े हैं, जो दयालु और प्रेमपूर्ण है।

जब मैं अपना जीवन जीता हूँ, तो उस मार्गदर्शक शक्ति की मेरी समझ प्रकट होती है। ऐसी बात नहीं है कि हर चीज़ तुरंत मेरे सामने प्रकट कर दी जाती है और मैं स्वीकार करूँगा कि ऐसे कई समय और घटनाएँ रही हैं, जहाँ मैं उस "मार्गदर्शक शक्ति" को बिलकुल भी नहीं देख पाया - घटनाओं

के होते समय तो नहीं। अक्सर, पीछे पलटकर देखने पर ही हम होने वाली घटनाओं का अर्थ समझ सकते हैं। तभी हम देख सकते हैं कि ज़्यादा ऊँची शक्ति हमारे लाभ के लिए काम कर रही थी।

ज़्यादा ऊँची शक्ति में विश्वास का मतलब यह जानना है कि अगर मैं अपनी भूमिका निभाता हूँ और विश्वास के दृष्टिकोण से उन्हीं तरीक़ों से काम करता हूँ, जिनके बारे में हमने अब तक बात की है, तो स्थितियों और परिस्थितियों का अंत सबसे चमत्कारी, स्वस्थ और समृद्ध तरीक़े से होगा।

विकल्प क्या है ?

ज़्यादा ऊँची शक्ति पर विश्वास करना एक ऐसा विकल्प है, जिसे आप चुनते हैं - जिस तरह आप यह चुनते हैं कि जिन लोगों से आप मिलते हैं, उन पर विश्वास करें या नहीं, या अपने जीवन में विश्वास के हिसाब से कोई भी काम करें या नहीं। आप निश्चित रूप से ऐसा न करने का चुनाव कर सकते हैं और कई लोग स्वीकार करते हैं कि वे यह चुनाव नहीं करते हैं।

लेकिन उस ज़्यादा ऊँची शक्ति पर विश्वास न करने का दरअसल क्या मतलब है, जो हमारे लाभ के लिए काम कर रही है?

ज़्यादा ऊँची शक्ति पर विश्वास न करने का मतलब यह मानना है कि वहाँ बाहर कोई नहीं है। आसमान भावशून्य और ख़ाली है। इसका मतलब है कि हम अपने माता-पिता की संयोगवश पैदा हुई संतानें हैं। यह एक ऐसा परिदृश्य है, जो हमें - बौने इंसानों को - भयंकर प्रकृति के ख़िलाफ़ अकेला खड़ा कर देता है - सृष्टि में पूरी तरह अपने दम पर। हम संसार की बेतरतीब प्रकृति और एक अंधी क़िस्मत के शिकार हैं, कुल मिलाकर ज़िंदा रहने की परिस्थिति के शिकार हैं।

यह एक विश्वास तंत्र है - या दरअसल ग़ैर-विश्वास तंत्र! - जिसके दूरगामी परिणाम होते हैं। ये परिणाम जीवन में आपकी की हुई हर चीज़ में व्याप्त होंगे।

जब मैं बच्चा था, तो मैं क्लोनडाइक या समुद्र में जैक लंदन की रोमांचक यात्राओं की कहानियों से मंत्रमुग्ध था। मैं व्हाइट फ़ैंग और द कॉल ऑफ़ द वाइल्ड जैसी उनकी कहानियों का बड़ा प्रशंसक था, जिनमें इंसान

बहादुरी से प्राकृतिक शक्तियों के ख़िलाफ़ लड़ता है। मैं उस बहुत अंदरूनी और सच्ची ऊर्जा को पन्ने पर उतारने की उनकी प्रतिभा का क़ायल हो गया और इस वजह से भी लेखक बनने को प्रेरित हुआ।

लेकिन आइए, उनके जीवन पर नज़र डालते हैं, जो वैसी ही ख़तरनाक रोमांचक यात्राओं से भरा था, जिनके बारे में उन्होंने लिखा था।

वे एक नाजायज़ संतान के रूप में पैदा हुए थे और उनका बचपन हंगामे भरा रहा। वास्तव में, हंगामा और उथलपुथल तो उनके पैदा होने से पहले ही शुरू हो गई थी – जिन्होंने उनके बाक़ी जीवन के लिए मंच तैयार कर दिया। जैक की माँ ने अपनी जान लेने की कोशिश की थी, जब उनके जैविक पिता ने इस बात पर ज़ोर दिया कि बच्चे को जन्म देने के बजाय वे गर्भपात करा लें। जैक ओकलैंड, कैलिफ़ोर्निया में कामकाजी झुग्गी में बड़े हुए। उन्होंने अपनी मशहूर और रोमांचक यात्राओं (जिन पर उनकी कहानियाँ आधारित थीं) का सिलसिला तब शुरू किया, जब वे 17 साल की उम्र में सील मछली के शिकारी जहाज़ में समुद्र में गए और कई वर्षों तक अलग-अलग भूमिकाएँ निभाईं। उन्होंने साहसिक अभियानों से भरा आकर्षक जीवन जिया तथा शक्ति, सहनशीलता और विशुद्ध साहस के काम किए – कम से कम, दूर बैठकर उनके बारे में पढ़ना आकर्षक है! वे एक समय यायावर मज़दूर थे, जहाज़ी थे और उन्होंने घोंघों के डकैत के रूप में भी काम किया था। वे क्लोनडाइक के मशहूर गोल्ड रश का भी हिस्सा थे।

लेकिन मैं उनसे ज़रा भी ईर्ष्या नहीं करता हूँ।

असीमित व्यक्तिवाद और डार्विनवाद में उनका दृढ़ विश्वास था, जिसे वे जीवन की सामान्य शक्ति मानते थे – दूसरे शब्दों में, सबसे उपयुक्त ही जीवित रहता है। जैसा लोग कहते हैं, जंगल का कानून। इंसान प्रकृति और एक दूसरे के ख़िलाफ़ लड़ते हैं और हर व्यक्ति अपनी परवाह ख़ुद करता है। उनके सोचने के तरीक़े में किसी ऊँची शक्ति की जगह नहीं है, किसी दयालु शक्ति की ज़रूरत नहीं है और उन्होंने निश्चित रूप से अपना जीवन इस तरह जिया, मानो ऐसी कोई शक्ति थी ही नहीं।

इस तरह के जीवन से उनका बेहतरीन यात्रा लेखन तो संभव हुआ, लेकिन इसी ने उन्हें 40 साल की उम्र में मार डाला। उनकी मृत्यु कई कारणों

से हुई थी, जिनमें गंभीर मद्यपान, किडनी की समस्याएँ और कई लोगों का विश्वास है, मॉर्फ़ीन की संयोगवश ली गई अधिक मात्रा शामिल थी।

निश्चित रूप से वे सफलता के लिए बहुत प्रेरित थे और बहुत गुणी लेखक थे और मैं उनके इन दोनों गुणों का प्रशंसक हूँ। लेकिन वे निश्चित रूप से वैसे विश्वास के साथ नहीं जिए, जिसके बारे में मैं इस पुस्तक में बात कर रहा हूँ। अगर आप विश्वास को सबसे पहले ख़ुद में रखते हैं और फिर इसे फैलाकर ज़्यादा ऊँची शक्ति पर ठोस विश्वास करते हैं, तो आप जान जाते हैं कि सकारात्मक तरीक़ों से अपनी देखभाल करना और ज़्यादा व्यापक जगत से जुड़ना कितना महत्त्वपूर्ण है। आप जान जाते हैं कि आप मदद माँग सकते हैं और यह मिलेगी। आपको संघर्ष का पूरा बोझ अकेले ही नहीं उठाना है - और आपको हर दिन अपना रास्ता बनाने के लिए जूझना भी नहीं है। सहायता उपलब्ध है और आप जितना सोचते हैं, सृष्टि उससे काफ़ी ज़्यादा दोस्ताना जगह है।

मैं ईश्वर से बात करती हूँ, लेकिन आसमान ख़ाली है।

—सिल्विया प्लाथ

सिल्विया प्लाथ एक और त्रासद उदाहरण हैं - एक और बहुत गुणी लेखिका, जिन्होंने अपनी जान ली थी। मैंने ऊपर जो उद्धरण दिया है, वह बहुत मर्मस्पर्शी ढंग से बताता है कि वे किस तरह की घोर निराशा में रहती थीं। किसी दयालु ज़्यादा ऊँची शक्ति की बात तो रहने ही दें, उन्हें किसी भी चीज़ पर विश्वास नहीं था। नतीजा यह हुआ कि वे बेहद दुखी और अकेला महसूस करती थीं। इस वजह से वे अपने जीवन और इसमें मौजूद बाक़ी लोगों से दूर हो गईं, जिनमें उनके पति और बच्चे शामिल थे।

चाहे मृत्यु ख़ुद के हाथों हुई हो या अपने स्वास्थ्य की उपेक्षा करने की वजह से हुई हो, जैसा जैक लंदन के साथ हुआ, यह स्पष्ट है कि किसी ज़्यादा ऊँची शक्ति में विश्वास न होने के कारण इस दोनों महान साहित्यकारों का जीवन कठोर, दुखद और छोटा रह गया। आपके विश्वास क्या हैं, इसका इस बात पर अत्यंत महत्त्वपूर्ण प्रभाव पड़ता है कि आपके कार्य और जीवन कौन सा आकार लेगा।

तो फिर ज़्यादा ऊँची शक्ति में विश्वास क्यों न करें, जो आपकी परवाह कर रही है? इससे आपका भला ही हो सकता है।

विश्वास और प्रार्थना आत्मा के विटामिन हैं; उनके बिना मनुष्य स्वस्थ नहीं रह सकता।

—महालिया जैकसन

ज़्यादा ऊँची शक्ति के बिना...

हाँ, मैंने अभी-अभी जिन दो लेखकों का ज़िक्र किया है, उन्होंने ऐसी कृतियाँ लिखीं, जिनके कई प्रशंसक हैं और यह सच है कि उनका काम उनके जीवन के काफ़ी बाद भी जीवित है, जो दुखद रूप से छोटे थे। लेकिन इस तरह की निराशा निश्चित रूप से प्रख्यात लेखक बनने की शर्त नहीं है - स्थिति इसके विपरीत है। जैक लंदन और सिल्विया प्लाथ की तुलना जे. एस. बाख़ से करें, जिन्होंने एक लंबा और उत्पादक जीवन जिया। बाख़ के संगीत को आज भी मूल्यवान समझा जाता है, हालाँकि उन्हें गुज़रे सैकड़ों साल हो चुके हैं। मेरे हिसाब से यह संयोग नहीं है कि उन्होंने अपना ज़्यादातर संगीत ज़्यादा ऊँची शक्ति में अपने विश्वास का गुणगान करने के लिए लिखा था। उनमें विश्वास था और इसने कालातीत सौंदर्य उत्पन्न कर दिया, जो आज भी जीवित है।

आप चाहे जो काम करते हों, यह न सोचें कि ज़्यादा ऊँची शक्ति में विश्वास नहीं करने से आप बेहतर लेखक या संगीतकार बन सकते हैं। यह भी न सोचें कि इससे आपको किसी तरह की धार मिल जाती है, जो किसी प्रतिस्पर्धी क्षेत्र में उपयोगी सिद्ध हो सकती है। हो सकता है कि आपको जैक लंदन या सिल्विया प्लाथ की कृतियाँ पसंद हों, लेकिन जीवनशैली के उदाहरणों में, वे यह सबक़ सिखाते हैं कि अगर आप ख़ुश और संतुष्ट रहना चाहते हैं, तो आपको किस तरह का जीवन नहीं जीना चाहिए।

आस्था तर्क के विपरीत नहीं है।

—शेरवुड एड्डी

तार्किक दृष्टि से इसकी ओर देखें - और नहीं, यह तार्किक नज़रों से आस्था की ओर देखने का विपरीत नहीं है।

किसी ज़्यादा ऊँची शक्ति में विश्वास के बिना आप उसे नकारकर जी रहे हैं, जो आपकी मदद करने के लिए वहाँ पर मौजूद है। ऐसा भला क्यों करें? जीवन के सारे बोझ अकेले अपने कंधों पर क्यों रखें, जब इसकी कोई ज़रूरत ही नहीं है?

मेरे हिसाब से उस शक्ति की ओर पीठ घुमाने में कोई समझदारी नज़र नहीं आती है, जो मुझमें सकारात्मक ऊर्जा भरती है। मैं हर दिन अपनी ज़्यादा ऊँची शक्ति से बात करता हूँ, ख़ास तौर पर कोई ऐसी चीज़ करते वक़्त, जहाँ मुझे परिणाम का पक्का पता न हो। मिसाल के तौर पर, जब आप सार्वजनिक निगाह में रहने वाले क्षेत्र में होते हैं (मैं निश्चित रूप से हूँ), तो आप इंटरव्यू देने के आदी हो जाते हैं। लेकिन चाहे आप प्रक्रिया के कितने ही आदी हो जाएँ, फिर भी इंटरव्यू में ऐसा महसूस होता है कि आपको तेज़ रोशनी में रखा जा रहा है और मैं स्वीकार करता हूँ कि मैं अब भी इंटरव्यू देने से पहले काफ़ी सोचता रहता हूँ। यह बहुत मानवीय प्रतिक्रिया है।

इसलिए मैं ज़्यादा ऊँची शक्ति का समर्थन माँगता हूँ। मैं इससे आग्रह करता हूँ कि यह अटपटेपन की किसी भी भावना से उबरने में मेरी मदद करे, जो उन परिस्थितियों में आ सकती हैं। मैं आग्रह करता हूँ कि यह इंटरव्यू के आदान-प्रदान को एक उपयोगी अनुभव में बदल दे, जिससे सकारात्मक संदेश व्यापक लोगों तक पहुँचे। जब मैं अपने दिल और दिमाग़ में इसके साथ शुरू करता हूँ, तो मैं ईमानदारी से कह सकता हूँ कि मैं कभी हारता नहीं हूँ।

मैं ज़्यादा ऊँची शक्ति में अपने विश्वास की बदौलत इससे मदद माँगता हूँ। एक तरह से मैं यह कह रहा हूँ, मैं यह काम अकेले नहीं कर सकता। मैं ऐसा क्यों न करूँ? सहायता और समर्थन वहाँ हैं और उपलब्ध हैं। ज़्यादा शक्तिशाली नेटवर्क से ख़ुद को जोड़ना कमज़ोरी की निशानी नहीं है - अगर आप इस बारे में इस तरह सोच रहे हों। मैं सोचता हूँ कि एक तरह का डिजिटल, विद्युत से जुड़ा नेटवर्क जीवन की बेहतरीन उपमा है और ख़ास तौर पर, ज़्यादा ऊँची शक्ति में विश्वास रखने की। वास्तव में, जब आप इसके बारे में इस तरह सोचते हैं, तो यह एकमात्र तरह का व्यवहार है,

जिसमें समझदारी नज़र आती है। आपको आगे बढ़ने और प्रगति करने के लिए आगे बढ़ना होता है और जुड़ना होता है।

प्रमाण ?

प्रमाण कहाँ है?

मैं जानता हूँ, मैं सुन सकता हूँ कि आलोचक शंका कर रहे हैं और किसी तरह का प्रमाण माँग रहे हैं। आप चाहते हैं कि मैं किसी अधर में लटकी चट्टान से नीचे कूद जाऊँ और इस विश्वास से अज्ञात में छलाँग लगा दूँ कि ज़्यादा ऊँची शक्ति किसी तरह मेरे पैर को पहाड़ी के नीचे सुरक्षित मार्ग पर रख देगी? मैं यह विश्वास कैसे कर सकता हूँ कि ज़्यादा ऊँची शक्ति आगे की सबसे सही राह पर मुझे हमेशा मार्गदर्शन देगी, जबकि अतीत में मुझे चोटें और असफलताएँ ही मिली हैं और ऐसे लोग व घटनाएँ मिली हैं, जिन्होंने मुझे निराश किया है? तब मेरी ज़्यादा ऊँची शक्ति कहाँ थी? ज़्यादा ऊँची शक्ति ने यह सब कैसे होने दिया? मुझे यह पता कैसे चलेगा कि यह मुझे दोबारा निराश नहीं करेगी?

ज़्यादा ऊँची शक्ति में विश्वास होने का मतलब यह नहीं है कि आप पीछे टिककर बैठ जाते हैं और सभी अच्छी चीज़ों के अपनी राह में आने का इंतज़ार करते हैं या आपको इस बात की गारंटी मिल जाती है कि आपके जीवन में कभी एक पल का भी दुख या रत्ती भर भी मुश्किल नहीं आएगी। हर व्यक्ति की यात्रा उतार-चढ़ाव से भरी होती है। दुख और मुश्किलें भी जीवन का उतना ही बड़ा हिस्सा हैं, जितना कि ख़ुशी और संतुष्टि हैं। हमेशा आपके नियंत्रण के बाहर की परिस्थितियाँ रहेंगी, जो आपके जीवन के किसी भी क्षेत्र में आपको प्रभावित कर सकती हैं।

> *चिंता आध्यात्मिक निकट दृष्टि दोष है। इसका इलाज बुद्धिमत्तापूर्ण आस्था है।*
>
> —पॉल ब्रन्टन

मेरी एक मित्र ने हाल ही में मुझे एक कहानी सुनाई। उसने कहा कि वह अपने जीवन के काफ़ी हिस्से में बहुत दुखी रही थी। हालाँकि उसे

चित्रकार और ग्राफ़िक डिज़ाइनर के अपने चुने क्षेत्र में कुछ सफलताएँ मिली थीं, लेकिन पत्नी और माँ बनने की माँगों ने उसके करियर को सीमित कर दिया था। उसके माता-पिता बहुत कठोर थे और वे कला को अच्छा करियर मार्ग नहीं मानते थे – और उन्होंने "ग्राफ़िक डिज़ाइन" के बारे में तो कभी सुना ही नहीं था। उस पर बहुत दबाव डाला गया कि वह कला के बजाय व्यवसाय का अध्ययन करे, इसलिए उसने ग्राफ़िक डिज़ाइन में करियर बनाने से पहले कई साल तक प्रशासकीय नौकरी की। जिस इलाक़े में वह रहती थी, वह बंद होती फ़ैक्ट्रियों और कमज़ोर आर्थिक संभावनाओं से बुरी तरह प्रभावित हो गया, इसलिए उसने कई नौकरियाँ कीं, जिनमें तरक्की की संभावनाएँ दिखती तो थीं, लेकिन छँटनी और कंपनी बंद होने की वजह से वे टाँय-टाँय फिस्स हो जाती थीं। बरसों तक उसे आजीविका कमाने में काफ़ी मुश्किलें आईं, चित्रकार के रूप में ख़ुद को स्थापित करने की बात तो छोड़ ही दें। उसने कहा कि वह इस विचार से पीड़ित रहती थी कि उसने बहुत ज़्यादा समय बर्बाद कर दिया था, कि उसने कला और डिज़ाइन के क्षेत्र में अपना सच्चा करियर शुरू करने में बहुत ज़्यादा देर कर दी थी। जब उसने इस क्षेत्र में नौकरियाँ खोजीं, तो वह दूसरे उम्मीदवारों से हमेशा 10-15 साल बड़ी रहती थी और उसे महसूस हुआ कि यह बहुत बड़ा नुक़सान था। जब भी वह किसी सफल चित्रकार के बारे में सुनती थी, तो वह ईर्ष्या और द्वेष महसूस करने लगती थी और ये भावनाएँ तब भी जारी रहीं, जब उसने ग्राफ़िक डिज़ाइन का अपना ख़ुद का व्यवसाय शुरू किया।

फिर पैंतीस साल की उम्र के बाद एक दिन उसे सच्चाई का अहसास हुआ। उसने मुझे बताया, "इसने एक दिन मेरी आँखें खोल दीं। मुझे अहसास हुआ कि मैं यह महसूस कर रही थी कि मेरे जीवन में हर चीज़ बहुत अन्यायपूर्ण थी, कि अदृश्य शक्तियाँ मुझे पीछे रोक रही थीं, जबकि "बाक़ी हर व्यक्ति" सुख-चैन से रह रहा था – जबकि सच तो यह था कि अगर हर चीज़ मुझे आसानी से मिल जाती, तो मैं कभी वह चित्रकार नहीं बन पाती, जो मैं हूँ। अगर मैं प्रशासकीय सहयोगी के रूप में अच्छी कमाई करती होती, तो अपना ग्राफ़िक डिज़ाइन कारोबार कभी शुरू नहीं करती। मेरी महत्त्वाकांक्षाओं को चिंगारी देने के लिए मुझे उस विपत्ति की वाक़ई ज़रूरत थी। पूरे रास्ते मुझे सही दिशा की ओर ले जाया जा रहा था – जबकि मैं पूरे समय द्वेषपूर्ण थी!"

ज़्यादा ऊँची शक्ति आपको समर्थन व सहायता देती है, ताकि आप उन नकारात्मक घटनाओं और भावनाओं को सकारात्मक में बदल लें। अगर आप कर्म करते हैं और विश्वास के साथ आगे बढ़ते हैं, तो सर्वश्रेष्ठ संभव परिणाम पाने की राह दिखाई जाएगी - और अक्सर, यह राह ऐसी होती है, जिसे आप पहले से नहीं देख सकते। मैं जानता हूँ कि जब मैंने अपना घर खोया और मुझे सड़कों पर रहना पड़ा, तो मैंने निश्चित रूप से इसे एक सकारात्मक घटना के रूप में नहीं देखा। लेकिन अब जब मैं पलटकर देखता हूँ, तो मैं समझता हूँ कि उन परिस्थितियों में रहने की बदौलत ही मैं इतनी ज़्यादा कड़ी मेहनत करने के लिए प्रेरित हुआ। उसी कारण मैं सफल लेखक बनने के अपने चरम लक्ष्य का पीछा करने में इतना ज़्यादा एकाग्र हुआ। मेरी मित्र की तरह ही अगर परिस्थितियाँ ज़्यादा आसान होतीं और मैं दूसरी तरह के काम करके आरामदेह जीवन गुज़ारता (भौतिक परिस्थितियों के संदर्भ में), तो हो सकता है कि मैं सफलता के उस स्तर पर नहीं पहुँच पाता, जहाँ मैं आज हूँ।

> *आस्था यह विश्वास नहीं है कि ईश्वर वह करेगा, जो आप चाहते हैं। यह तो यह विश्वास है कि ईश्वर वही करेगा जो सही है।*
>
> - **मैक्स ल्यूकाडो, *ही स्टिल मूव्ज़ स्टोन्स***

इसीलिए मैं कहता हूँ : मुझे प्रमाण की आवश्यकता नहीं है - वैसे प्रमाणों की नहीं, जिनकी आप जाँच-पड़ताल कर सकें और नाप सकें। मैंने ज़्यादा ऊँची शक्ति के साथ किसी अनुबंध पर हस्ताक्षर नहीं किए हैं, जिसे मैं आपको दिखा सकूँ और जिस पर लिखा हो कि यह मेरे हर काम में मेरी मदद करेगी।

लेकिन बहुत कुछ ऐसा भी है, जो मैं यक़ीनी तौर पर जानता हूँ।

मैं जानता हूँ कि जीवन में मेरा मार्गदर्शन सही दिशा में किया गया, हालाँकि उस वक़्त यह मुझे दिखाई नहीं दे रहा था। मैंने ऐसे पुरस्कारों की फ़सल काटी है, जिनके मौजूद होने की बात मुझे पता भी नहीं थी। जब मैंने लेखक के रूप में आजीविका कमाने की अपनी यात्रा शुरू की थी, तब

मैं सपने में भी यह कल्पना नहीं कर सकता था कि मैं वैसा जीवन जियूँगा, जैसा कि आज जीता हूँ। किसी ने - मेरी ज़्यादा ऊँची शक्ति ने - मेरे लिए बाक़ी की राह का सपना देखा और मेरे लिए एक ऐसा अंत तय किया, जो हर स्तर पर पुरस्कारों से भरा-पूरा था।

मैं एक ऐसी यात्रा पर चला, जो मुझे सड़कों से उठाकर एक सफल लेखक बनाने की ओर ले आई, हालाँकि कई बार यह स्पष्ट या समतल राह नहीं थी और कई बार तो अलग-अलग दिशाओं में ले जाती दिख रही थी। लेकिन मुझे विश्वास था कि अगर मैंने अच्छे विश्वास के साथ काम किया, अपने पाए ज्ञान से लोगों की मदद करने के इरादे के साथ काम किया और जीवन व सकारात्मकता का गुणगान करने वाला काम किया, तो मैं यह विश्वास रख सकता हूँ कि मुझे चलने के लिए सही रास्ता दिखाया जाएगा, ताकि मैं अपनी पुस्तक प्रकाशित कर सकूँ और इसे संसार के सामने पेश कर सकूँ। जैसा कहा जाता है, बाक़ी इतिहास है! मैंने संसार के सामने बहुत सारी पुस्तकें, ई-बुक, सीडी, डीवीडी और ऑडियो-बुक पेश की हैं, और मैं समृद्ध व मशहूर जीवन का आनंद ले रहा हूँ। एक समय ऐसा भी था, जब मैं आपको बता सकता था कि इस तरह का परिणाम संभव नहीं है और इतना कपोलकल्पित है कि सच नहीं हो सकता।

अब, यही वह सारा प्रमाण है जिसकी मुझे ज़रूरत है।

विश्वास रखें और इस तरह काम करें, जो दूसरों के विश्वास के लायक़ हो और आपको परिणाम दिख जाएँगे। आपके विश्वास से आपके जीवन को ऐसे-ऐसे लाभ होंगे, जिनकी आप इस वक़्त कल्पना भी नहीं कर सकते।

सबसे बुनियादी स्तर पर, बस ख़ुद से पूछें : क्या इससे नुक़सान होता है? - नहीं। क्या इससे मदद मिलती है? हाँ!

यह शर्म या सज़ा के बारे में नहीं है...

मेरा संदेश किसी को नीचा दिखाने के बारे में नहीं है। यह उन लोगों को नीचा देखने के बारे में नहीं है, जो ईश्वर या किसी ज़्यादा ऊँची शक्ति में विश्वास नहीं करते हैं - या यह किसी का भी तिरस्कार करने के बारे में नहीं है।

मेरे लिए, ज़्यादा ऊँची शक्ति में अविश्वास का परिणाम दुखद और दुर्भाग्यपूर्ण है; यह तिरस्कार या निंदा नहीं है। मैं लोगों को सकारात्मक परिणामों से प्रोत्साहित करना चाहता हूँ – डर की वजह से उनसे काम कराना नहीं चाहता कि अगर वे ऐसा नहीं करेंगे, तो कोई बुरी चीज़ हो जाएगी।

कृपया इसलिए आगे न बढ़ें, क्योंकि मैंने उन लेखकों की दुखद कहानियों से डरा दिया है, जो कम उम्र में ही मर गए थे। ज़्यादा ऊँची शक्ति में विश्वास इसलिए रखें, क्योंकि यह आपकी मदद करती है, इसलिए नहीं क्योंकि आप सज़ा से डरते हैं। ज़रा सोचें – अगर आपको विश्वास हो कि आपको सज़ा मिलेगी, तब भी आप सज़ा में विश्वास रख रहे हैं! यह तर्क बंद कर देता है, यह तो पक्की बात है।

पाप और दंड के डर से भरे होने के जाल में न फँसें। ख़ुशी के अहसास के साथ विश्वास में जिएँ।

> *विश्वास मुँह सामने की ओर करके अँधेरे में तेज़ी से चलना है। अगर हमें जीवन के अर्थ, ईश्वर की प्रकृति और हमारी आत्माओं की तक़दीर के बारे में सारे जवाब पहले से ही पता हों, तो हमारा विश्वास आस्था की छलाँग नहीं होगा और यह मानवता का साहसिक कार्य नहीं होगा; यह तो बस एक... बुद्धिमत्तापूर्ण बीमा पॉलिसी होगी।*
>
> —एलिज़ाबेथ गिलबर्ट

व्यक्तिगत रूप से मैं ज़्यादा ऊँची शक्ति के बारे में बात करता हूँ – मैं इसे "दिव्य" कहता हूँ और मैंने अपनी पुस्तक *ज़ीरो लिमिट्स* में भी इसके बारे में लिखा है।

दिव्य

जब मैं दिव्य के बारे में बात करता हूँ, तो मेरा दरअसल क्या मतलब है?

दिव्य हर चीज़ है – अस्तित्व का महायोग, सृष्टि की हर चीज़ का महायोग। मेरी परिभाषा के हिसाब से सृष्टि और दिव्य एक ही चीज़ हैं।

देखिए, कई सेल्फ़-हेल्प लेखक "सृष्टि" शब्द का इस्तेमाल तब भी करते हैं, जब उनका असल मतलब अचेतन मन होता है। मुझे याद है कि मैं एक रेडियो टॉक शो में था, जब मेज़बान ने घोषणा की कि सृष्टि कल्पना और वास्तविकता के फ़र्क़ को नहीं जानती। उसका दरअसल यह मतलब था कि अचेतन मन फ़र्क़ नहीं जानता। यह एक आम ग़लती है और इससे दुविधा उत्पन्न हो सकती है।

मेरे हिसाब से, अचेतन मन आपकी चेतन जागरूकता के नीचे रहता है, लेकिन जहाज़ को बुनियादी तौर पर यही चलाता है। आप जिसके सपने देखते हैं और आप जो सचमुच देखते हैं, यह उसके फ़र्क़ को नहीं जानता है और इस वजह से आप इसमें इरादों के बीज बो सकते हैं। हर व्यक्ति का अचेतन मन अनूठा होता है; यह हर व्यक्ति के लिए विशिष्ट होता है। यह पानी का कुआँ है, जो सतह के नीचे होता है, लेकिन यह आपका कुआँ है, जो आपकी सतह या चेतन मन के नीचे होता है। आप इसमें इरादों और सपनों के बीज बोने के लिए अप्रत्यक्ष साधनों से इससे संपर्क कर सकते हैं, जैसा मैंने ज़िक्र किया है, लेकिन यह कोई ऐसी चीज़ नहीं है, जो आपमें और किसी दूसरे में एक जैसी हो।

लेकिन सृष्टि हर चीज़ का पूर्ण महायोग है। यह हर चीज़ के बारे में जागरूक है। यह कल्पना और वास्तविकता के फ़र्क़ को जानती है। इसे दिव्य भी कहा जा सकता है।

> जो भी मैंने देखा है, उसकी बदौलत मैं उस सृजनकर्ता पर उस सबके लिए विश्वास करना सीखता हूँ, जिसे मैंने नहीं देखा है।
>
> —रैल्फ़ वाल्डो इमर्सन

मैंने यह अध्याय यह बताकर शुरू किया था कि मैं "ईश्वर" शब्द का इस्तेमाल क्यों नहीं करता हूँ। मैंने इसके पीछे के दूसरे कारण का ज़िक्र नहीं किया था। जब हम "ईश्वर" के बारे में बात करते हैं, तो हममें उसे किसी इंसान जैसा मानने की प्रवृत्ति होती है - शायद एक सुपरमैन, लेकिन किसी तरह का अवधारणाकृत इंसान। जब मैं दिव्य के बारे में बात करता हूँ, तो मेरा यह क़तई मतलब नहीं होता।

दिव्य जीवन का साक्षी है, जो पृष्ठभूमि में हमेशा रहता है।

यदि दिव्य हर चीज़ का महायोग है, तो क्या लोग भी "दिव्य" हैं?

हाँ, लेकिन सबको न बताएँ। लोग शारीरिक रूप में अभिव्यक्त दिव्य हैं। हम नहीं जानते कि हम दिव्य हैं, क्योंकि हमें इस तथ्य के प्रति जाग्रत कराना होता है। खोज की हमारी आजीवन यात्रा ही जीवन का सच्चा उद्देश्य है - जो हमें अंत में दोबारा दिव्य तक ले जाती है।

हमारे सृजनकर्ता ईश्वर ने हमारे मन और व्यक्तित्व के भीतर महान संभावित शक्ति व योग्यता भरी है। प्रार्थना इन शक्तियों का दोहन करने और उन्हें विकसित करने में हमारी मदद करती है।

—अब्दुल कलाम

इससे कोई फ़र्क़ नहीं पड़ता कि आप इसे क्या कहते हैं...

आप इसे जो चाहे नाम दे सकते हैं। अगर आप इसे ज़्यादा ऊँची शक्ति या दिव्य या ईश्वर भी नहीं कहना चाहते, अगर ये शब्द आपको बहुत ज़्यादा धार्मिक सिद्धांतों से भरे लगते हों, तो आप इसे ज़्यादा ऊँची प्रकृति या प्राकृतिक नियम कह सकते हैं। हम सभी प्राकृतिक नियमों से बँधे हुए हैं, चाहे हम किसी भी बारे में सोचें या हम उन पर कैसे भी विचार करें। यह एक ऐसी चीज़ है, जिसे हम सभी समझते हैं।

कई बार कहा गया है कि विज्ञान आस्था के विपरीत है और इसके सामंजस्य में नहीं है। लेकिन सारा विज्ञान, वास्तव में, आस्था पर आधारित है, क्योंकि यह प्राकृतिक नियमों के स्थायित्व और एकरूपता पर भरोसा रखता है - एक ऐसी चीज़ जिसे कभी दर्शाया नहीं जा सकता।

—ट्रायोन एडवर्ड्स

मुद्दे की बात यह है कि ज़्यादा ऊँची शक्ति बस यही है – यह आपके बाहर की कोई चीज़ है, जो आपसे ज़्यादा बड़ी है, हम सबसे ज़्यादा बड़ी है, जो हर व्यक्ति और हर वस्तु को एक करती है। इसमें विश्वास रखने से आप अपने से परे की किसी चीज़ से जुड़ जाते हैं, जो आपको शक्ति देती है।

प्लासीबो प्रभाव ?

ज़्यादा ऊँची शक्ति में विश्वास रखने वाला तर्क देने में आपको ऐसा लग सकता है, मानो मैं आपसे इस पर विश्वास करने का नाटक करने को कह रहा हूँ। यक़ीन करें, क्योंकि इससे आपको मदद मिलेगी – आप सोच सकते हैं कि यह किसी नाटक जैसा लगता है।

कुछ लोग तर्क दे सकते हैं कि यह एक प्लासीबो लेने जैसा है – जहाँ आप लाभों की फ़सल काटते हैं, लेकिन कोई "असली" दवा नहीं दी जाती है – लेकिन प्लासीबो प्रभाव अपने आप में विश्वास का काफ़ी शक्तिशाली उदाहरण है!

अगर आप इससे पूरी तरह से परिचित न हों, तो बताना चाहूँगा कि प्लासीबो प्रभाव चिकित्सा जगत और चिकित्सकीय शोध से आया है। जब शोधकर्ता किसी नई दवा या उपचार को खोजते हैं और इसकी पर्याप्त जाँच कर ली जाती है और यह उपयोग के लिए तैयार हो जाती है, तो वे इंसानों पर अंतिम परीक्षण करते हैं। वे परीक्षण के लिए लोगों को दो या अधिक समूहों में बाँट देते हैं, जिसे नियंत्रित अध्ययन कहा जाता है। मिसाल के तौर पर, जब दो समूह होते हैं, तो एक को वह दवा दी जाती है और दूसरे समूह को "प्लासीबो" दिया जाता है, जो शकर की गोली होती है – वास्तव में, कुछ नहीं दिया जाता। वे ऐसा इसलिए करते हैं, ताकि उन्हें यक़ीन हो सके कि उन्हें परिणामों में जो परिवर्तन दिख रहे हैं, वे सचमुच दवा से उत्पन्न हो रहे हैं, किसी दूसरी परिस्थिति, बेतरतीब घटक या संयोग से उत्पन्न नहीं हो रहे हैं।

लेकिन ऐसे अध्ययनों की शुरुआत में शोधकर्ता हैरान रह गए, जब उन्होंने देखा कि जिन लोगों को प्लासीबो दिया गया था, उनमें से कुछ ने वैसी ही शारीरिक प्रतिक्रियाएँ दिखाईं, जैसी दवा लेने वालों ने दिखाई थीं।

आश्चर्यजनक! नक़ली दवा ने सिर्फ़ उनके विश्वास की शक्ति के अनुरूप काम किया था।

यह सभी लोगों में मामले में नहीं होता है और यह पूरी तरह समझ में आता है। देखिए, हो सकता है कि कुछ लोग शुरू से ही परिणाम पाने के बारे में संदेह रखते हों या जाँच की पूरी प्रक्रिया के बारे में शंकालु हों, जिसका मतलब है कि इस पूरी प्रक्रिया में उनकी आस्था या विश्वास ज़रा भी शामिल नहीं था। प्लासीबो प्रभाव पर हाल के वर्षों में कई अन्य अध्ययन हुए हैं, जिन्होंने कुछ बहुत रोचक निष्कर्ष दिए हैं। सम्मानित पत्रिका *साइंटिफ़िक अमेरिकन^{TM}* में प्रकाशित एक लेख के अनुसार तथाकथित प्लासीबो से दर्द, डिप्रेशन, तनाव, पार्किन्सन्स डिसीज़, सूजन के विकार और कैंसर तक में कमी होने के प्रमाण मिले हैं। यह सकारात्मक परिणाम – जो प्लासीबो लेने वाले एक तिहाई लोगों में देखा गया – लिए जाने वाले तत्व या उपचार में रोगी के विश्वास की वजह से मिलता है, साथ ही चिकित्सा में विश्वास की पूरी अवधारणा से भी। लेख में कई वर्षों तक किए गए अध्ययनों और रिपोर्ट्स का उल्लेख है, जिनके आधार पर यह निष्कर्ष निकाला गया।

प्लासीबो में विश्वास की शक्ति इससे भी आगे तक जाती है। 2002 में ह्यूस्टन वीए मेडिकल सेंटर और बेलर कॉलेज ऑफ़ मेडिसिन के शोधकर्ताओं ने ओस्टियोआर्थ्राइटिस के रोगियों में घुटने के एक आम ऑपरेशन का अध्ययन किया। जैसा मैंने दवाओं वाले अध्ययनों के संदर्भ में उल्लेख किया था, उन्होंने इन लोगों को तीन समूहों में बाँट दिया। दो समूहों के दो अलग-अलग प्रकार के आर्थ्रोस्कोपिक ऑपरेशन किए गए – जिसमें त्वचा में एक बहुत छोटा छेद करके उस कार्टिलेज का ऑपरेशन किया जाता है, जो घुटने के जोड़ को बाँधती है। तीसरे समूह का झूठमूठ, नक़ली ऑपरेशन किया गया। दूसरे रोगियों की तरह ही नक़ली ऑपरेशन वाले रोगियों को भी ऑपरेशन के लिए तैयार किया गया और ऑपरेशन थिएटर में ले जाया गया, लेकिन डॉक्टरों ने वहाँ सिर्फ़ एक चीरा लगाया और घुटने की कार्टिलेज पर कोई काम नहीं किया।

जिन डॉक्टरों ने ऑपरेशन किया था और जो अध्ययन कर रहे थे, सिर्फ़ वही हक़ीक़त जानते थे – रोगी नहीं जानते थे, न ही उनके उपचार

या मरहम-पट्टी में शामिल दूसरे लोग जानते थे। दूसरे शब्दों में, रोगियों को किसी तरीक़े से यह पता नहीं चल सकता था कि उनमें से किसे क्या मिला था। यह स्थिति पूरे दो साल तक चलती रही, जिसके बाद परीक्षण में शामिल लोगों की जानकारी ली गई। परिणाम काफ़ी नाटकीय थे।

उन्होंने पाया कि तीनों समूहों में समान सुधार हुआ था। उन सभी के दर्द में कमी आई थी और वे ज़्यादा आसानी से चल सकते थे। उन सभी को एक जैसी राहत मिली थी, चाहे उनका सचमुच ऑपरेशन हुआ हो या नहीं। निष्कर्ष यह था कि ऑपरेशन अपने आप में प्लासीबो प्रभाव था - और दरअसल प्रक्रिया में विश्वास से ही परिणाम मिले थे!

विश्वास बहुत शक्तिशाली होता है।

आस्था जकड़ने वाली चीज़ नहीं है, यह तो ऐसी अवस्था है जिसमें विकास किया जाए।

—महात्मा गाँधी

ज़ाहिर है, "ज़्यादा ऊँची शक्ति में विश्वास रखें" कहना आसान है, लेकिन हर लाभकारी चीज़ की तरह ही विश्वास में भी मेहनत और मरम्मत की ज़रूरत होती है। यह अस्तित्व की कोई स्थिर अवस्था नहीं है। इसकी जड़ें कर्म में हैं और पुरस्कार भी कर्म द्वारा ही मिलेगा। अपने विश्वास पर काम करें और आप पाएँगे कि आपके कार्यों का न सिर्फ़ पुरस्कार मिलता है, बल्कि इस प्रक्रिया में आपका विश्वास भी शक्तिशाली होता है। ज़रूरत पड़ने पर ज़्यादा ऊँची शक्ति की मदद माँगें और इससे जो मिले, उसके लिए कृतज्ञ रहें। जब आपको ज़रूरत हो, तो शक्ति पाने के लिए ज़्यादा ऊँची शक्ति का सहारा लें।

अगर आप अपने सारे कामों में संसार की ओर विश्वास प्रवाहित करते हैं, तो वह विश्वास अपने आप कई गुना हो जाता है। बदले में, आपको यह दूसरों से वापस मिलता है। आपको ख़ुद में, अपने क़रीबी लोगों में, अपने समुदाय में और पूरे संसार में जो विश्वास है, वह इस पर काम करते समय फैलता और बढ़ता है। जब आप ज़्यादा ऊँची शक्ति में अपने विश्वास पर काम करते हैं, तो कौन जाने कि आपकी सकारात्मकता और विश्वास कितनी

दूर पहुँच सकते हैं? अपने प्रति और बाक़ी संसार के प्रति यह आपका फ़र्ज़ है कि आप विश्वास रखें और उसके हिसाब से काम करें।

6

अपने विश्वास पर अमल

इस खंड में मैं आपको इस बारे में कुछ विचार बताने जा रहा हूँ कि आप अपने जीवन में विश्वास को ज़मीन से ऊपर उठाने का काम कैसे कर सकते हैं।

आप ग़ौर करेंगे कि ये अभ्यास उन विषयवस्तुओं पर अमल कराते हैं, जिनके बारे में मैंने इस पूरी पुस्तक में विभिन्न पृष्ठभूमियों में बार-बार बात की है।

- विश्वास आपके क्षितिज खोलता है और इसकी वजह से आप आगे बढ़कर दूसरे लोगों और बाक़ी संसार तक पहुँचते हैं।
- विश्वास कर्म की ओर ले जाता है - यह कोई स्थिर अवस्था नहीं है, बल्कि एक मूल्यवान संसाधन है, जो सक्रिय चिंगारी पैदा करता है।
- विश्वास लचीला होता है - अगर आप सही लोगों से जुड़ने में समर्थ नहीं हैं या अपनी मनचाही चीज़ में सफल नहीं होते हैं, तो आप स्थिति का मुआयना करेंगे, अपनी पद्धतियों को आदर्श बनाएँगे और एक बार फिर कोशिश करेंगे, यह जानते हुए कि अगर आप अपनी भूमिका निभाते हैं, तो आपकी ज़रूरत की हर चीज़ वहाँ मौजूद है।

मैंने इसे चार खंडों में बाँटा है, जो पुस्तक के अध्यायों के अनुरूप हैं। देखिए, इसका यह मतलब नहीं है कि विश्वास चार अलग-अलग प्रकार का होता है। यह वही ऊर्जा है। इसलिए, दूसरे लोगों में विश्वास समुदाय और बाक़ी संसार में विश्वास को आर-पार विभक्त करता है और ज़्यादा ऊँची

शक्ति में विश्वास बाक़ी हर चीज़ में विश्वास को परस्पर व्याप्त करता है। चार खंड तो आपको विभिन्न स्तरों पर अपने जीवन में विश्वास बढ़ाने की संभावनाएँ टटोलने का अवसर देते हैं।

हर खंड आपको कई अलग-अलग तरीक़े बताएगा, जिनसे आप अवधारणा की छानबीन कर सकते हैं – आप उन सभी को आज़माना चाह सकते हैं! उन सभी में अज्ञात में वह क़दम उठाना शामिल है, इस विश्वास के साथ कि अगर आप आधी दूर तक चलते हैं, तो काम हो जाएगा।

1. स्वयं में विश्वास

स्वयं में विश्वास का मतलब अपनी सच्ची योग्यताओं और क्षमताओं में विश्वास करना है। यह ख़ुद के ज्ञान पर आधारित विश्वास है।

अपने गुणों को जाग्रत करें

आपका वह कौन सा गुण है, जिसे अभी तक नहीं तराशा गया है? हममें से ज़्यादातर में ऐसे गुण और योग्यताएँ होती हैं, जिन्हें हम साकार नहीं करते हैं – मिसाल के तौर पर, आप लेखन की अपनी प्रतिभा को एक तरफ़ रख सकते हैं, क्योंकि यह आजीविका कमाने के लिए बहुत अव्यावहारिक लगता है और रिटेल करियर में स्टोर मैनेजर बनकर समझौता कर लेते हैं। आप एक अच्छे स्टोर मैनेजर हैं और आप अपनी नौकरी के कई पहलुओं का आनंद लेते हैं, लेकिन इस प्रक्रिया में आपने लेखन को हाशिए पर गिर जाने दिया है, जिसे आप कभी-कभार ही उठाते हैं और एक बार में सिर्फ़ एक-दो पेज लिखकर ही रह जाते हैं।

आप कोई भी गतिविधि, योग्यता या लक्ष्य चुन सकते हैं, जिसका आपने अभ्यास किया है, लेकिन जिसे आपने जीवन में विकसित करने में अभी तक ज़्यादा समय नहीं लगाया है। मिसाल के तौर पर, यह किसी वीकएंड गैराज बैंड में गिटार बजाना हो सकता है – आपने इसे सिर्फ़ आनंद के लिए किया है, सचमुच योग्यता के स्तर पर विकसित कभी नहीं किया है।

यह कोई ऐसा गुण भी हो सकता है, जिसे आपने कभी योग्यता या गुण माना ही न हो। शायद यह इस तरह का हो सकता है कि आप एक

अच्छी कहानी सुनाकर अपने मित्रों को हमेशा अच्छी तरह हँसा सकते हैं, या आपके मित्र और रिश्तेदार आपके घर पर बनाए ग्रीटिंग कार्डों को इतना ज़्यादा पसंद करते हैं कि वे हर त्योहार का अपेक्षित हिस्सा बन गए हैं।

अगर कोई भी चीज़ तुरंत दिमाग़ में नहीं आती है, तो आप इस विश्वास के साथ इसे खोज सकते हैं कि आपके अंदर ऐसे गुण हैं, जो मुक्त होने का इंतज़ार कर रहे हैं - क्योंकि आप करेंगे!

- अपनी योग्यताओं और गुणों के बारे में सोचकर शुरू करें। आप किन-किन चीज़ों में अच्छे हैं, उनकी सूची बनाएँ - संकोच न करें!

- अपने सकारात्मक गुणों को शामिल करें, लेकिन व्यावहारिक शब्दावली में।

- किसी योग्यता या गतिविधि को परिभाषित करें - इसे ठोस बनाएँ। यह न कहें, "मैं अच्छा इंसान हूँ।" इसके बजाय यह कहें, "मैं बड़ी आसानी से अजनबियों के साथ दोस्ताना बातचीत कर लेता हूँ।"

- उपलब्धियों या मील के पत्थरों को शामिल करें (जैसे, मैं गोल्फ़ में कमाल का खिलाड़ी था, मैंने एक मैराथन दौड़ी थी)।

अगला क़दम क्या है?

- अपने किसी एक गुण को चुन लें और सोचें कि इस वक़्त आप किस स्तर पर हैं। अगला बड़ा क़दम क्या है - वह कौन सी चीज़ है, जो आपको अगले स्तर पर ले जाती है? अगर यह कोई ऐसी चीज़ है, जो आपने सिर्फ़ शौकिया की है, तो अगला स्तर दूसरे करियर के रूप में इसमें थोड़ा पैसा कमाना हो सकता है। मिसाल के तौर पर, मान लेते हैं कि आप वीकएंड गिटार वादक हैं। अगला स्तर उस स्तर पर वादन करना हो सकता है, जहाँ आप गैराज के बजाय वीकएंड पर भुगतान करने वाले संगीत कार्यक्रमों में बजाना शुरू कर सकें। शायद यह प्रशिक्षण या बेहतर उपकरण लेना हो सकता है।

- अगर यह कोई ऐसी चीज़ है, जिसे आपने पहले कभी गुण के रूप

में नहीं पहचाना है, तो शायद यह समय है कि आप ऐसा कर लें! उस गुण या योग्यता को परिभाषित करें और इस बारे में सोचें कि यह आपको कहाँ ले जा सकती है। आप इसे संसार के सामने लाने की दिशा में किस तरह काम कर सकते हैं? शायद अपनी शिक्षा या नैसर्गिक योग्यता के स्तर को बढ़ाना एक अच्छा पहला क़दम हो सकता है।

- अगर यह कोई ऐसी चीज़ है, जो आपने दरअसल कभी किसी को नहीं बताई है - शायद आप शॉवर के ओपेरा स्टार हैं? - तो अपने गुण को स्वीकार करना और परिवार वालों तथा मित्रों को बताना पहला बड़ा क़दम हो सकता है।

एक निश्चित लक्ष्य तय करें।

- यह हिस्सा सचमुच महत्त्वपूर्ण है। अगर आप उस आवेग को कर्म में नहीं बदलते हैं, तो यह आपकी सूची के हिस्से के रूप में काग़ज़ पर बना रहता है और आप अपने विश्वास को इसमें प्राण फूँकने का अवसर ही नहीं देते हैं।
- उन ठोस क़दमों की सूची बनाएँ, जिन्हें आप इसी समय उठा सकते हैं - तुरंत, जैसे किसी कोर्स में नाम लिखाना या नज़दीकी कराओके बार की जाँच करना।
- फिर एक गहरी साँस लें और इसे कर दें!

आप इस तरह के अभ्यास को इसके विपरीत तरीक़े से भी कर सकते हैं - इस बारे में सोचकर कि आप किन-किन चीज़ों में अच्छे नहीं हैं। कई लोगों को तो शायद उन चीज़ों की सूची बनाना ज़्यादा आसान भी लगेगा, जिनमें वे अच्छे नहीं हैं! लेकिन इसे निराशाजनक न मानें। इसके बजाय, इसे अपूर्ण अवसरों की सूची मानें।

इससे भी बेहतर तरीक़ा यह है कि किसी ऐसी चीज़ के बारे में सोचें, जिसे करने से आप सचमुच बचना चाहेंगे। जिस चीज़ से आपको डर लगता है, उसे करने पर आपको भारी ऊर्जा मिलती है। मिसाल के तौर पर,

सार्वजनिक संभाषण एक बहुत आम डर है।

एक बार जब आप उस एक गतिविधि को सोच लें, जिसे करने से आपको डर लगता है, तो उसका पीछा करने का लक्ष्य तय कर लें। मिसाल के तौर पर, अगर यह सार्वजनिक संभाषण है, तो *टोस्टमास्टर्स* एक सम्मानित क्लब है, जिसने कई लोगों को आत्मविश्वास से भरा वक्ता बनाया है और वे हर समय नए सदस्यों का स्वागत करते हैं। हो सकता है, आपके क्षेत्र में दूसरे संगठन हों। निश्चित रूप से कई संगठन हैं, जो सभी तरह की योग्यताएँ विकसित करने में मदद कर सकते हैं।

हो सकता है कि आप कुछ विषयों में कमतर महसूस करते हों। मेरी एक पड़ोसन ने मुझे एक बार बताया था कि वह हमेशा गणित से डरती थी। उसने हाई स्कूल के अंत में गणित की कक्षाओं में गोता लगाना शुरू कर दिया था और इसके बाद इससे हमेशा बचती रही थी। अब अधेड़ावस्था में वह तारों और नक्षत्रों के प्रति आकर्षित हो गई, इसलिए उसने खगोल शास्त्र में कॉलेज स्तरीय पाठ्यक्रम पूरा करने का ऊँचा लक्ष्य तय किया! देखिए, यह कोर्स इस तरह तैयार किया गया था, ताकि दूसरे विषय के विद्यार्थी भी इसे पढ़ सकें (केवल भौतिकी के विद्यार्थी ही नहीं), लेकिन फिर भी यह क्वांटम फ़िज़िक्स में जाता था और इसमें कुछ बहुत जटिल सिद्धांत व समीकरण भरे थे। अंत में उसे ए प्लस मिला और अब उसकी महान महत्त्वाकांक्षा यह है कि वह आगे भी अध्ययन करे।

यह विश्वास ही है, जो हमें गुण खोजने के बाद उसे विकसित करने और यह पता लगाने की ओर ले जाता है कि उसे बाक़ी संसार के सामने कैसे पेश किया जाए। हमारी योग्यताएँ और गुण प्रतिभाएँ हैं - यह हम पर निर्भर करता है कि हम उनका अधिकतम लाभ उठाएँ और इन क़दमों को उठाने से यही होगा।

2. दूसरों में विश्वास

दूसरे लोगों में विश्वास हमारे संबंधों को समृद्ध करता है, ख़ास तौर पर सबसे नज़दीकी संबंधों को। उन संबंधों की ओर ज़्यादा क़रीब से देखने पर आपको यह पता चल सकता है - या आप मानना शुरू कर सकते हैं - कि आपका विश्वास सही था या नहीं।

संबंधों से शुरू करें :

* अपने जीवन में मौजूद लोगों की सूची बनाएँ - आपके सबसे नज़दीकी संबंधों की।

* आपके सर्वश्रेष्ठ हित किसके दिल में हैं? क्या वे सभी लोग इस वक़्त आपके जीवन में हैं? या उनमें से कुछ समय के साथ दूर चले गए हैं? इस बारे में सोचें कि आपके पूरे जीवनकाल में वहाँ कौन-कौन था?

* अगर आपके सबसे क़रीबी लोगों की सूची में वही लोग नहीं हैं, जिनके दिल में आपके सर्वश्रेष्ठ हित हैं, तो इस बारे में सोचें कि क्यों? वे इस आंतरिक दायरे में क्यों हैं? विश्वास की नींव अच्छी होनी चाहिए! आप यह पा सकते हैं कि आप कुछ संबंधों पर प्रश्नचिह्न लगा रहे हैं - और यह एक अच्छी बात है, अगर यह आपको जागरूक बना रही है कि आप किसी ऐसे व्यक्ति पर विश्वास कर रहे हैं, जिसने उसे अर्जित नहीं किया है।

* क्या यह मान्यता या भावना पारस्परिक है? क्या आप सोचते हैं कि वह भी आपके बारे में ऐसा ही महसूस करता है?

विश्वास की छलाँग

संवाद हमारे सारे पारस्परिक संबंधों की कुंजी है, लेकिन सबसे क़रीबी मित्रों और परिवार के सदस्यों के मामले में भी हमेशा कोई चीज़ होती है, जिसे अनकहा छोड़ दिया जाता है।

हो सकता है कि कोई ऐसी चीज़ हो, जो आपने उन्हें कभी न बताई हो। या हो सकता है कि किसी संबंध की निश्चित सीमाएँ रही हों। शायद आपका कोई सहकर्मी मित्र हो, जिसके साथ आपने लंच में कई घंटे गपशप की हो, कानाफूसी की हो, शॉपिंग की हो और खाना खाया हो, लेकिन आप उस संबंध को कभी ऑफ़िस के आगे तक नहीं ले गए।

मेरी संपादक ने मुझे बताया कि वे और उनकी बहन बरसों से अलग-अलग महाद्वीपों में रहती हैं, इसलिए त्योहारों पर संपर्क में रहने के

लिए वे कार्डों और पार्सलों पर निर्भर हैं। उनकी बहन बुनाई में माहिर थी और अपने हाथ बनाई चीज़ें भेजती थीं, जो सुंदर होती थीं। लेकिन मेरी संपादक को ऊन से एलर्जी हो गई। इस वजह से वे बहन की भेजी ज़्यादातर चीज़ें नहीं पहन सकती थीं। उन्होंने यह बात बहन को कभी नहीं बताई! तीन साल तक वे कर्तव्यपरायणता से उसे धन्यवाद देती रहीं और उसके भेजे सामान धूल खाने के लिए एक बक्से में रखती रहीं। उन्होंने स्वीकार किया, "पहले तो मैं उसे बताना चाहती थी, लेकिन फिर दूसरा साल आ गया, फिर तीसरा... मैं इतनी मूर्ख महसूस करने लगी कि यह इतना खिंचता चला गया था और मैंने सोचा कि वह सचमुच चिढ़ जाएगी कि उसने एक ऐसी चीज़ बनाने इतना समय और मेहनत लगाई, जिसका मैं इस्तेमाल नहीं कर रही थी।" आख़िरकार उन्होंने बात साफ़ करने का फ़ैसला किया। उन्होंने मुझे बताया, "मैंने उसे चौथे क्रिसमस के ठीक पहले बता दिया और अंत में हम स्थिति की मूर्खता पर काफ़ी देर तक हँसते रहे। यह बहुत अच्छा महसूस हुआ।"

यह अगला क़दम उठाना है – संवाद के तार खोलना और विश्वास की छलाँग लगाना। बातचीत के कुछ विषयों से कतराने का आम तौर पर यह मतलब होता है कि आप यह मानकर चल रहे हैं कि सामने वाला कैसी प्रतिक्रिया करेगा और वह प्रतिक्रिया नकारात्मक होगी। सामने वाले को यह अनुमति दें कि वह ख़ुद ही निर्णय लेने की स्वतंत्रता का इस्तेमाल करे। इसे आज़माकर देखें।

- ज़रूरी नहीं है कि यह कोई बड़ी, नकारात्मक या सदमे भरी चीज़ हो। यह कोई ऐसी बात भी हो सकती है, जिसे छेड़ने में आप किसी भी कारण हिचक रहे हों।

- आपको जो प्रतिक्रिया मिली, वह सकारात्मक है या नकारात्मक? अगर यह नकारात्मक है, तो कैसे? कारणों के बारे में सोचें। शायद आप अपनी नीति को बदल सकते हैं।

- अपने हृदय में प्रेम और ईमानदारी रखकर आगे बढ़ें और दोबारा कोशिश करें।

इस तरह का अभ्यास दोनों तरफ़ संकेत कर सकता है। यह आपकी ओर संकेत कर सकता है! क्या आप विश्वसनीयता अंदर डाल रहे हैं – बाहर निकालने के लिए? क्या वह व्यक्ति भी आप पर विश्वास कर सकता है? याद रखें, विश्वास देने और लेने वाली स्थिति है। यह इसे किसी स्थिति में रखने और वापस पाने के बारे में है।

आप यह अभ्यास किसी ऐसे व्यक्ति के साथ भी आज़मा सकते हैं, जिससे आपका संपर्क टूट गया हो। जब आप उन लोगों की सूची बना रहे थे, जिनके हृदय में आपके सर्वश्रेष्ठ हित थे, तो क्या कोई ऐसे नाम थे, जिनसे आप आजकल संपर्क में नहीं हैं? आजकल इंटरनेट और दोबारा जुड़ने के बहुत से दूसरे तरीक़े मौजूद हैं, इसलिए संपर्क में दोबारा न आने के बहुत कम बहाने बचे हैं, भले ही सालों गुज़र गए हों।

ख़ुद को गुणवत्तापूर्ण संबंधों से घेरकर और उन्हें पोषण देकर आप क्रियाकलाप का आधार और एक समर्थन नेटवर्क बना रहे हैं।

ईमानदारी के लिए विश्वास की ज़रूरत होती है और यह एकमात्र चीज़ है, जो आपके सबसे क़रीबी लोगों के साथ आपके संबंध मज़बूत करेगी। विश्वास रखें कि आप उन्हें जो भी सच्चाई बताएँगे, वे हमेशा उसे स्वीकार करेंगे और फिर बदले में इसकी अपेक्षा रखें।

3. अपने समुदाय, अपने संसार में विश्वास

हममें से ज़्यादातर का एक आरामदेह दायरा होता है – यानी हम आम तौर पर कहाँ जाते हैं, हम आम तौर पर क्या करते हैं और हम आम तौर पर किन लोगों के साथ उठते-बैठते हैं। यह परिचित होता है, यह आरामदेह होता है और हम इन ख़ुद के बनाए हुए पैमानों से शायद ही कभी इधर-उधर होते हैं। इनमें ये शामिल हो सकते हैं :

• सामाजिक दायरे

• पेशेवर और करियर संपर्क

• पारिवारिक दायरा

• आपकी राष्ट्रीयता या पृष्ठभूमि पर आधारित दायरे।

इसका "विपरीत" वह होता है, जिसके साथ आप आरामदेह नहीं हैं - जिससे आप आम तौर पर कतराते हैं। अपने समुदाय और अपने संसार के उन क्षेत्रों की सूची बनाएँ, जहाँ आप आरामदेह महसूस न करते हों।

मैं रात को अँधेरी गलियों में जाने या शहर के सबसे ज़्यादा आपराधिक इलाक़ों में जाने की बात नहीं कर रहा हूँ! सुरक्षित और समझदार बनें।

मिसाल के तौर पर, मेरी एक मित्र है, जिसके पास विज्ञान की उपाधि है। उसके कामकाजी, पारिवारिक और सामाजिक दायरे में विश्वविद्यालय शिक्षित वैज्ञानिकों के अलावा शायद कोई दूसरा है ही नहीं। वह इक्का-दुक्का आर्ट म्यूज़ियम गई थी, शहर के बाहर वैकेशन मनाने गई थी, लेकिन वह उस संसार के बारे में कुछ नहीं जानती थी और थोड़ा अजीब महसूस करती थी - जैसे मछली पानी से बाहर हो।

इसी तरह, हम सभी के जीवन में ऐसे क्षेत्र होते हैं, जो हमारे लिए पूर्णतः अपरिचित होते हैं। आप किस क्षेत्र में जल बिन मछली हैं?

और फिर - आप कैसे आगे बढ़ने वाले हैं?

आप कैसे बाहर निकलकर अपने संसार के उन अपरिचित क्षेत्रों की पड़ताल कर सकते हैं? हो सकता है कि वे ठीक आपके इलाक़े में ही मौजूद हों। अगर संभव हो, तो स्थानीय सोचें और शुरुआत में व्यवहारिक सोचें। मिसाल के तौर पर, आप सामुदायिक समूहों तक आगे बढ़ सकते हैं। बहुत व्यापक रुचियों वाले समूह मौजूद हैं, जो नागरिक समूहों की व्यापक श्रृंखला को समाहित करते हैं। उन्हें खोजने में टेलीफ़ोन बुक और लाइब्रेरी आपकी मदद करेंगी। ऊपर मैंने जिस मित्र का ज़िक्र किया था, उसने अपने स्थानीय म्यूज़ियमों की यात्रा शुरू करके कला के संसार की पड़ताल की और अंत में सदस्य बन गई। अब वह वीकएंड पर म्यूज़ियम टूर कराती है और हासिल किया सारा अद्भुत नया ज्ञान बाँटती है।

सीधे आगे बढ़ें!

ज़ाहिर है! इंटरनेट पूरे संसार के लोगों, रुचियों, जनसंख्या के हिस्सों आदि का पता लगाने का स्वाभाविक तरीक़ा है।

- किसी मैसेजबोर्ड पर बातचीत शुरू करें।
- किसी वेबसाइट से जुड़ें।
- लोगों के साथ जुड़ें।

आप साझी ज़मीन के रूप में किसी साझी रुचि का भी इस्तेमाल कर सकते हैं। क्या आप रॉक क्लाइंबिंग का शौक रखते हैं? तो फिर आप किसी ऑनलाइन रॉक क्लाइंबिंग समूह या वेबसाइट को खोज सकते हैं। संसार के पार किसी तक पहुँचें। अपनी साझी रुचि के बारे में बात करके शुरू करें और देखें कि आप एक दूसरे से – और एक दूसरे के बारे में – क्या सीख सकते हैं।

पालतू पशु और बच्चे लोगों के साथ जुड़ने का बेहतरीन तरीक़ा हैं, चाहे वे कहीं भी हों।

आप नियमित रूप से जिनके संपर्क में नहीं आते हैं, अपने समुदाय और संसार के उन क्षेत्रों की पड़ताल करने के लिए आगे बढ़ना समृद्धकारी अनुभव हो सकता है। जिस तरह आपने अपने आस-पास के माहौल में आराम (या विश्वास) का स्तर विकसित किया है, उसी तरह आप इसके पार भी आगे बढ़ सकते हैं, यह जानते हुए कि आपके संसार के अनजान क्षेत्र उतने ही स्वागत करने वाले हो सकते हैं, जितने कि परिचित क्षेत्र रहे हैं। आप अपने ज्ञान के स्रोतों और संपर्कों का विस्तार करेंगे और ऐसे तरीक़ों से अपने जीवन को ज़्यादा गहरा बनाएँगे, जिनसे आपको हैरानी होगी।

4. ज़्यादा ऊँची शक्ति में विश्वास

यहाँ पर विश्वास की धारणा सबको शामिल करने वाली बन जाती है। यहीं पर यह पलटकर वहाँ चली जाती है, जहाँ हमने शुरू किया था और यह जीवन के हर पहलू को व्याप्त करती है।

ज़्यादा ऊँची शक्ति में विश्वास का मतलब यह है कि आप जानते हैं कि जब आपको मदद की ज़रूरत होगी, तो यह आपके लिए वहाँ मौजूद होगी। उस ऊर्जा के संपर्क में आने का सबसे आसान तरीक़ा यह पूछना है।

- आपको क्या करना मुश्किल लगता है?
- किन स्थितियों में आप कसमसाते हैं?
- कौन सी चीज़ है, जिसकी वजह से रात को नींद उड़ रही है?
- आप सबसे ज़्यादा किस चीज़ को बदलना चाहते हैं?

सर्वश्रेष्ठ संभव परिणाम पूछें। मार्गदर्शन माँगें कि आप इसे हासिल करने के लिए क्या कर सकते हैं।

क्या कोई ऐसी स्थिति है, जिससे आप घबराते हैं, कोई ऐसी स्थिति जहाँ आप हर पहलू को नियंत्रित नहीं कर सकते और जहाँ आप किसी परिणाम को प्रभावित करने में असहाय महसूस करते हैं? शायद आप हर रात को होमवर्क करने के मसले पर अपने बच्चों से बहस करते हैं या समय पर घर आने के बारे में! शायद मामला इस मोड़ तक पहुँच गया है, जहाँ आपके पेट में ऐंठन होने लगती है, जब आप उनके निर्धारित समय के बाद मिनट गुज़रते देखते हैं और जानते हैं कि अभिभावक के रूप में आपको चेतावनी देनी चाहिए, लेकिन साथ ही यह भी जानते हैं कि इससे एक भयंकर बहस छिड़ जाएगी। आप क्या कर सकते हैं? आप एक गहरी साँस ले सकते हैं और अंदर की शांत जगह तक पहुँच सकते हैं और ज़्यादा ऊँची शक्ति से बेहतर परिणाम माँग सकते हैं। अपने बच्चों के साथ पेश आने का सही तरीक़ा खोजने में मदद माँगें। मदद माँगें कि उन्हें यह समझ में आ जाए कि आप उन चीज़ों पर इतना ज़ोर क्यों दे रहे हैं, जिन्हें वे इतना आपत्तिजनक मानते हैं। बच्चों के साथ संवाद के असली तार खोलने में मदद माँगें।

- निगरानी करें – इस बारे में लिखें कि आपने कहाँ मदद माँगी है और समय के साथ स्थिति कैसी बनती है – यक़ीन मानें, आप हैरान रह जाएँगे।

- आपको रास्ते में जो ज्ञान मिले, उसे शामिल करें। ऐसे समय का उल्लेख भी करें, जब आपने कोशिश की, लेकिन आपको मनचाहा परिणाम नहीं मिला – कई बार आपको यह जानने की ज़रूरत होती है कि क्या काम नहीं करता, इसके बाद ही आप यह पता लगा सकते हैं कि क्या काम करता है।

- याद रखें कि आपको अपनी भूमिका भी निभानी होती है – क्या आप ईमानदारी से, अच्छे विश्वास के साथ कार्यरत हैं? जहाँ तक विश्वास का प्रश्न है, आप जो अंदर डालेंगे, वही आपको बाहर मिलेगा।

सबसे बढ़कर, किसी ज़्यादा ऊँची शक्ति पर विश्वास ही है, जो आपको ऊपर ले जाएगा; अगर आपकी पहली कोशिशें नाकाम रहती हैं, तो आपको आगे कोशिश करने रहने का लचीलापन देगा। आप इसकी ओर मुड़ सकते हैं, जब आपने अपनी बहन के संपर्क में आने की कोशिश की, लेकिन वह प्रतिक्रिया नहीं करना चाहती थी। सर्वश्रेष्ठ संभव परिणाम माँगने के साथ-साथ कोशिश करते रहें, अपनी नीतियाँ बदलते रहें, जब तक कि आप उस बाधा के पार न निकल जाएँ।

- आप जिन लोगों तक पहुँचते हैं, अगर वे पहलेपहल प्रतिक्रिया न करें – तब भी विश्वास करें कि आप रास्ता खोज लेंगे, और अगर स्थिति की माँग हो, तो अंततः आप ऐसे लोगों को खोज लेंगे, जो उसका इंतज़ार कर रहे हैं, जो आपके पास देने के लिए हैं।

- यदि अपेक्षा के अनुरूप अच्छा परिणाम न मिले, तो विश्वास करें कि यह अपने मार्ग पर है और अगर आप कोशिश करते रहे, तो एक अच्छा परिणाम आपका इंतज़ार कर रहा है, भले ही यह पूरी तरह वह न हो जिसकी आपको उम्मीद थी।

आप कभी नहीं जानते कि आपका विश्वास आपको कहाँ ले जाएगा – यही उस रोमांचक यात्रा का सौंदर्य है, जो हम कर रहे हैं। आप यह भी पा सकते हैं कि ये "अभ्यास" आपके सोचे तरीक़ों से बिलकुल काम नहीं करते हैं, लेकिन इसके बावजूद अंत में आपको वे लाभ मिल जाते हैं, जिनकी आप कभी कल्पना भी नहीं कर सकते थे। आप ऐसे लोगों से मिल सकते हैं, जो पैसे बनाने में आपकी मदद कर सकते हैं या आजीवन मित्र बन जाते हैं। आप मूल्यवान कारोबारी संपर्क बना सकते हैं या आपको पेरिस जाने पर अगली बार रुकने की जगह मिल सकती है। कुल मिलाकर आप जान जाएँगे कि जो परिणाम आपको मिला है, वह सर्वश्रेष्ठ संभव परिणाम है।

विश्वास के साथ जीने का यही मतलब है।

लेखक परिचय

डॉ. जो विटाले ने इतनी सारी बेस्टसेलिंग पुस्तकें लिखी हैं कि यहाँ उन सभी का ज़िक्र संभव नहीं है। उनमें से कुछ हैं *द अट्रैक्टर फ़ैक्टर, लाइफ़्स मिसिंग इंस्ट्रक्शन मैन्युअल, द की, ज़ीरो लिमिट्स, अट्रैक्ट मनी नाउ, इंस्टैंट मेनिफ़ेस्टेशन।* इसके अलावा 2013 में चार नई पुस्तकें प्रकाशित हुईं और 2014 की शुरुआत में दो अन्य नई पुस्तकें भी आ चुकी हैं!

उन्होंने नाइटिंगेल-कॉनैन्ट के लिए कई ऑडियो प्रोग्राम भी रिकॉर्ड किए हैं, जिनमें ये शामिल हैं : "द अवेकनिंग कोर्स", "द मिसिंग सीक्रेट", "द सीक्रेट टु अट्रैक्टिंग मनी", "द एबंडेंस पैरेडाइम," और उनका नवीनतम ऑडियो प्रोग्राम "द अल्टिमेट लॉ ऑफ़ अट्रैक्शन लाइब्रेरी।"

जो विटाले कई फ़िल्मों में भी रहे हैं, जिनमें मशहूर "द सीक्रेट" शामिल है। वे निम्न टी.वी. शो पर आ चुके हैं : लैरी किंग लाइव, डोनी ड्यूश का "द बिग आइडिया," सीएनएन, सीएनबीसी, सीबीएस, एबीसी, फ़ॉक्स न्यूज़ का "फ़ॉक्स ऐंड फ्रेंड्स" और एक्स्ट्रा टीवी। द न्यू यॉर्क टाइम्स और न्यूज़वीक में उन पर लेख भी प्रकाशित हुए हैं।

उनकी नवीनतम उपलब्धि यह है कि वे विश्व के प्रथम सेल्फ़-हेल्प गायक-गीतकार बने, जैसा 2012 की रोलिंग स्टोन मैग्ज़ीन® में उल्लेख है। केवल 2012 में ही उन्होंने चार म्यूज़िक सीडी निकालीं और 2013 में तीन अन्य सीडी बाज़ार में आईं!

उन्होंने मिरेकल्स कोचिंग™ प्रोग्राम तैयार किया और वे आकर्षण के नियम तथा सही क्रिया के नियम के ज़्यादा गहरे पहलुओं को समझाकर लोगों के सपने हासिल करने में मदद करते हैं। यह इंसान कभी बेघर था, लेकिन आज वह बेस्टसेलिंग लेखक बन चुका है, जो जादू और चमत्कारों में विश्वास करता है।

जो विटाले के बारे में अधिक जानकारी के लिए www.mrfire.com पर जाएँ।

अनुवादक के बारे में

डॉ. सुधीर दीक्षित *टाइम मैनेजमेंट, सफलता के सूत्र, 101 मशहूर ब्रांड्स और अमीरों के पाँच नियम* सहित सात लोकप्रिय पुस्तकों के लेखक हैं, जिनमें से कुछ के मराठी व गुजराती भाषाओं में अनुवाद हो चुके हैं। इसके अलावा उन्होंने हैरी पॉटर सीरीज़, चिकन सूप सीरीज़ तथा मिल्स ऐंड बून सीरीज़ सहित 150 से भी अधिक अंतर्राष्ट्रीय बेस्टसेलर्स का हिंदी अनुवाद किया है, जिनमें रॉन्डा बर्न, डेल कारनेगी, नॉर्मन विन्सेन्ट पील, स्टीफ़न कवी, रॉबर्ट कियोसाकी, जोसेफ़ मर्फ़ी, ब्रायन ट्रेसी आदि बेस्टसेलिंग लेखक शामिल हैं। उन्होंने मशहूर भारतीय क्रिकेट खिलाड़ी सचिन तेंदुलकर की आत्मकथा का हिंदी अनुवाद भी किया है।

हिन्दी साहित्य और अँग्रेजी साहित्य में स्नातक की उपाधि प्राप्त करने वाले डॉ. दीक्षित अँग्रेजी साहित्य में एम.ए. तथा पीएच.डी. भी हैं। उनकी साहित्यिक अभिरुचि की शुरुआत हिंदी जासूसी उपन्यासों से हुई, जिसके बाद उन्होंने अँग्रेजी के सभी उपलब्ध जासूसी उपन्यास पढ़े। कॉलेज के दिनों में डेल कारनेगी की पुस्तकों का उन पर गहरा प्रभाव पड़ा। कॉलेज की शिक्षा पूरी करने के बाद डॉ. दीक्षित ने दैनिक भास्कर, नई दुनिया, फ़्री प्रेस जर्नल, क्रॉनिकल, नैशनल मेल आदि समाचार पत्रों में कला, नाटक एवं फ़िल्म समीक्षक के रूप में शौकिया पत्रकारिता की। उन्हें म.प्र. फ़िल्म विकास निगम द्वारा फ़िल्म समीक्षा के लिए पुरस्कृत भी किया गया। चेतन भगत और डैन ब्राउन उनके प्रिय लेखक हैं। डॉ. दीक्षित को पाठक sdixit123@gmail.com पर फ़ीडबैक प्रदान कर सकते हैं।

www.ingramcontent.com/pod-product-compliance
Lightning Source LLC
Chambersburg PA
CBHW022147060526
44654CB00043B/713
* 9 7 8 8 1 8 3 2 2 7 1 1 7 *